KB039906

직장인 컴피턴시

역량중심사회에 필요한

직장인
컴피턴시

》 불평만 할 것인가, 역량을 갖출 것인가 《

직장인 자기계발,

힘든데 그것까지 해야 할까?

　회사에 다니면서 대학원에 다니고 자격증을 따고 어학 공부를 하는 직장인을 보며 대단하다는 생각을 한다. 입사 초기에 불타올랐던 열정으로 비슷한 도전을 해본 경험이 있기 때문에 쉽지 않다는 것 또한 알고 있다. 업무량이 늘어나고 풀리지 않는 문제가 쌓여간다면 자기계발이라는 영역은 떠올리기 더 싫어진다. 이렇게 힘들고 지치는데 무슨 자기계발이냐며 이미 입 밖으로 한숨이 터져 나온다.

직장인 자기계발, 힘든데 그것까지 해야 할까? 그냥 가만히 있고 싶고 이대로도 충분히 힘든데 내가 왜 자기계발을 해야 하는지 모르겠다. 그러나 힘든데 아무것도 안 한다면 나중에 더 힘들어진다. 준비하지 않으면 더 어려운 업무를 맡게 될 때 힘들고, 회사에서 성장할 수 있는 기회가 왔을 때 기회를 놓치고 만다. 관계적으로 힘들 때 역시 회피만 한다면 관계는 악화되고 직장생활은 불편해진다. 시간은 계속 흘러가고 언젠가는 할 퇴직의 시점으로 다가가는데 결국 남는 것도 없고 자신 역시 정체된 삶을 반복할 뿐이다.

직장인 자기계발은 목적을 먼저 생각하고 그다음에 무엇을 어떻게 할지 생각해야 한다. 자신에게 진정으로 필요한 일이 아니면 지속하지 않을 가능성이 크기 때문이다. 목적이 바로 떠오르지 않는다면 자기계발을 하면 자신에게 무엇이 좋을지 생각해보자. 보고서를 쓸 때 목적이라는 개념 자체에 집중하면 목적이라는 목차에 무엇을 써야 할지 난감하다. 이보다는 '이걸 하면 우리 회사, 부서, 팀, 제품, 서비스, 고객에게 무엇이 좋지?'라는 질문이 도움이 된다. 마찬가지로 자기계발 역시 목적을 직접 떠올리지 말자. 자기계발을 하면 자신에게 뭐가 좋을지 질문으로 바꿔서 생각해 보는 것이 좋다.

만약 이렇게 직장인 자기계발의 목적을 살펴봐도 동기부여가 되지 않는다면 자신에게 더 많은 질문을 던져야 한다. 추가 질문을 던지기도 전에 생각을 거부하거나 재미와 힐링만 쫓는다면 자신의 직장생활은 달라지지 않는다. 지금 내 모습이 이런 이유는 어제까지 그렇게 살았기 때문이다. 현재의 생활이 만족스럽다면 다행이지만 그렇지 않다면 다시 생각해 볼 필요가 있다. 때로는 쉬어가야 하지만 마냥 쉴 순 없다. 오늘 걷지 않으면 내일 뛰어야 하는데 매일 걷지 않다가 갑자기 뛰면 더 힘들다.

자신에게 던지는 추가 질문을 이 책에서 제공한다. 목차를 살펴보며 직장생활의 경력과 경험을 돌아보자. 각 목차의 질문이 한번은 생각해 본 것이라면 더 도움이 될 것이다. 각각의 질문은 역량 중심으로 구성되어 있다. 우리가 궁극적으로 갖춰야 할 것은 역량이다. 결국 남겨야 할 것이 역량이며 다시 다른 곳으로 떠날 때 가져가야 할 것도 역량이다. 현재와 미래의 직장생활을 바라볼 때 우리는 역량에 집중해야 한다. 직장에서 관계적으로 힘들다면 피하는 게 상책이라며 회피만 할 것이 아니라 오히려 관계에 필요한 역량을 향상하는 데 집중해야 한다. 이런 사람이 '역량중심사회'를 현명하게 살아가는 직장인이다.

이 책에서는 직장인에게 필요한 역량을 입사부터 퇴사 이후 시점까지 조망한다. 회사(會社)와 조직(組織)을 이해하는 역량, 사람을 이해하고 나를 지키는 역량, 일 잘하는 역량, 퇴사 충동의 고비를 넘기는 역량, 퇴사를 바라보는 역량, 퇴사 후에 필요한 역량으로 직장인의 직장생활을 생애 관점으로 제시한다.

현재를 잘 사는 방법 중 하나는 미래로 가보는 것이다. 가보는 여정에서 다양한 사람의 이야기를 듣고 현재 자신에게 필요한 적절한 질문을 던진다면 현재를 더 잘 살 수 있다. 여기 고민을 해소하고 현재를 정리하며 앞으로 나아가도록 돕는 코칭 질문들이 준비돼 있다. 자신이 답하는 과정에서 새로운 길이 보일 것이다. 그동안의 직장생활이 힘들거나 고민이 많았다면 이 책을 통해 역량 중심으로 앞으로의 직장생활을 재정립해보자.

직장생활 성공의 의미는 각자의 생각이 다를 것이고 성공하기 위해 필요한 것들 역시 다양하다. 하지만 분명한 것은 무엇에 집중하느냐에 따라 과정과 결과는 달라진다는 점이다.

유 재 천 코치

목차

일 잘하는 역량

회사(會社)와 조직(組織)을
이해하는 역량

왜 회사는

인재 채용 때 자기소개서와 면접을 요구할까?

왜 채용 프로세스에는 자기소개서와 면접이 있을까. 인재를 채용하기 위한 단계별 과정에 다양한 목적이 있고, 기업별로 차이도 있다. 하지만 기업은 대표적으로 글을 쓰는 자기소개서와 말을 하는 면접은 계속해서 유지하고 있다. 물론 언젠가는 큰 변화가 있을 수 있지만 근본적인 질문을 던져봐야 한다. 질문의 방향은 직장생활의 관점이다. 왜 기업은 크게 두 가지 영역에서 구직자를 평가할까.

실제 회사와 조직에서 일을 잘 해낼 수 있을지를 보려면 일을 맡겨봐야 한다. 채용형 인턴이 최적이겠지만 그 외의 경우는 평가하기 어렵다. 경력사원의 경우 경력과 수행한 프로젝트를 보고 역량을 참고하지만 신입사원 채용과 마찬가지로 자기소개서를 쓰고 면접 과정을 거친다. 평가 영역이 크게 두 가지인 이유는 조직생활에 답이 있다. 일을 하는 과정은 자신의 일을 글로 표현하고, 말로 설득하는 과정의 연속이다. 활자로 보고서를 작성하고 언어를 통해 소통하며 문제를 해결하고 조직과 회사의 의사결정을 돕는다. 따라서 회사는 일을 하는 과정에 필수적인 글쓰기와 말하기를 미리 평가하기 위해 채용 프로세스에 자기소개서와 면접을 포함한다.

채용 이후에 조직생활로 들어가 보자. 보고서를 작성하고 보고하는 과정은 직장인의 업무능력에 어떤 영향을 미칠까. 직생생활의 일상이 보고서를 작성하거나 보고서 작성과 유사한 글 쓰는 메일 발송이고 누군가와 통화하거나 회의하고 설득하는 말하기다. 직장인의 말하기와 글쓰기는 매일 일어나는 일과 밀접하게 연관돼 있다. 또 열심히 일해도 자신의 일을 표현하고 누군가를 설득하지 못하면 결국 평가와 성과 모두 놓치게 된다. 그런데 무엇보다 중요한 점은 글쓰기와 말하기는 스스로 노출하고 싶지 않아도 노출되는 능력이라는 것이다. 더 많은 관심을 가져야 한다.

나는 첫 직장 퇴사 전에는 글쓰기와 말하기에 대단한 관심을 갖지 않았다. 입사 초기나 승진 이후 또는 새로운 역할을 해야 할 때만 잠깐 주의를 기울였다. 관심의 정도 역시 적당히 처리하고 나를 지키는 수준이었다. 때로는 자만해서 이정도면 잘하는 거라고 우쭐댔다. 그러나 퇴사 후에 다른 조직에서 경력을 이어가며 다시 봤을 때는 달랐다. 직장인의 기본역량 중 가장 중요한 두 가지였다. 그렇기 때문에 왜 채용 프로세스에서 그 부분을 보려고 하는지 역시 달리 보였다. 기본역량을 더 크고 멀리 바라보며 향상시키는 사람이 결국 성장, 성과, 평가 모두 가져갈 수 있다.

그렇다면 직장인의 기본 역량인 글쓰기와 말하기 실력을 어떻게 키울 수 있을까. 최고의 전략은 우선 조직에서 케이스 스터디(Case study)를 하는 것이고 최고의 방법은 반복이라는 훈련이다. 실천은 눈으로만 하는 것이 아니라 기록으로 해야 한다. 노트를 마련하고 잘 작성된 형태를 종류별로 정리하며 학습하고 활용해보는 연습이 필요하다. 좋은 제목과 짜임새 있는 목차를 수집한다. 잘 요약되거나 압축된 표현을 정리한다. 비슷한 상황에서 적용해보고 조금 바꿔보고 새롭게 연결해보는 연습을 통해서 역량을 높일 수 있다. 나아가서 가장 잘하는 사람에게 가서 도움을 요청하고, 관련된 서적을 읽거나 영상 콘텐츠를 통해서 학습하는 방법도 좋다. 중요한 점은 계속해서 관심과 호기심을 갖는 것이다. 성장은 관심에서 비롯된다.

다른 역량은 관련된 분야와 직무에 따라서 다르고 또한 성실하게 끌어올렸을 것이다. 직장인의 공통 역량이자 기본 역량인 글쓰기와 말하기에 관심이 적었다면 새로운 관점을 가져보자. 기업에서 직원에게 제공하는 필수교육에 포함되어 있는 주제는 기업이 중요하게 보는 역량이다. 직급별 교육에 반드시 들어가는 주제가 말하기와 글쓰기 역량 향상이다. 회사의 언어인 보고서 작성 능력을 향상시키고 소통, 문제해결, 의사결정의 수준을 높이기 위한 교육을 통해 기업은 발전을 추구한다. 이미 충분히 훈련하고 노력한 사람이라면 자신의 말하기와 글쓰기 방식을 정리하면 도움이 된다. 현 수준을 점검하고 어떻게 더 잘할 수 있을지 고민해야 역량이 향상된다. 우리는 사고하는 존재이므로 분명 더 나은 방법을 찾아나갈 것이다.

나에게 다시 던지는 셀프코칭(self-coaching) 질문

- 나의 글쓰기와 말하기 역량 수준은?

- 우리 팀/부서에서 글쓰기와 말하기 역량이 뛰어난 사람은?

- 그들의 강점은 무엇인가?

자소서, 면접에서

팀워크는 왜 단골 질문일까?

"누군가와 함께 공동의 목표를 설정하고 달성한 경험이 있으면 기술하시오. 그 과정에서 어떤 어려움이 있었으며 어떻게 극복했는지 기술하시오."

채용 과정에서 자주 등장하는 질문이다. 자기소개서 또는 면접에서 질문은 의도된 것이다. 의도를 파악해야 묻는 말에 답할 수 있다. 묻는 말에 어떻게 답변하느냐에 따라 당락이 달라질 수 있다. 위의 질문은 어떤 의도를 갖고 있을까. 역량 관점으로 볼 때 '팀워크(Teamwork)'를 평가하기 위한 의도가 포함된 질문이다.

조직 생활에서 가장 중요한 부분 중에 하나는 팀워크다. 반드시 누군가와 함께 일하게 되는 구조를 가진 조직에서는 서로 다른 사람들과 같이 일해서 성과를 달성해야 한다. 자신 개인 업무를 처리하는 것은 기본이고, 각자의 직무는 다른 업무 담당자들과 연결돼 있다. 같은 업무 역시 조직 내에서 유사한 업무 담당자와 함께 일해야 하는 경우가 많다. 프로젝트로 업무를 추진하는 경우에는 프로젝트 팀원으로 참여하거나 프로젝트 리더 또는 매니저로 일에 투입된다. 입사 전부터 요구하고 입사 후 조직에서 강조하는 역량인 팀워크를 잘하기 위해서는 무엇이 필요할까.

첫째, 팀 또는 팀 프로젝트의 목적과 목표를 명확하게 이해해야 한다. 조직(組織)은 짜여 있는 개체다. 반드시 목적성을 갖고 있다. 크기가 부서, 팀, 소그룹으로 다를 수 있지만 목적은 분명히 존재한다. 따라서 공동의 합의된 목적과 목표를 잘 이해하는 것이 우선이다. 일을 추진하는 과정에서 다시 목적을 돌아보기도 하고, 목적을 통해서 목표에 다가가는 전략과 방법을 찾기도 한다. 또 공동의 목표를 향해서 가야 성과를 낼 수 있다.

둘째, 함께 일하는 사람들이 어떤 역할과 책임을 갖고 있고, 어떤 방식으로 일하는지 알아야 한다. 팀워크의 과정은 무수한 소통의 과정이다. 자신의 입장에서 의견을 말하고 나름의 소통을 해나간다. 상대를 바라보고 소통하는 방법이 팀워크를 잘할 수 있도록 돕는데 가장 중요한 점은 상대를 아는 것이다. 자신을 아는 것은 기본이고 함께 일하는 사람들의 역할과 책임(Role & Responsibility)을 이해하고 어떻게 일하는지 알아야 한다. 자기 업무만 추진하고 자신의 입장에서만 업무 협의를 한다면 '저 사람은 능력이 있긴 한데 같이 일하고 싶진 않아'란 피드백을 받을 수 있다. 자신의 관점을 넘어서 상대를 바라보고 팀의 관점에서 일을 추진하는 방법은 이렇게 팀 전체를 바라봐야 한다.

셋째, 팀워크 과정의 공동 이슈를 공유해야 한다. 팀은 같은 방향으로 나아간다. 그 과정에서 발생하는 공동 이슈를 어떻게 다루느냐에 따라 성과가 달라진다. 혼자 일하는 것과 함께 일하는 것의 가장 큰 차이가 바로 이 부분이다. 역할과 책임에 따라 팀원들은 자신의 역할을 수행하는데, 대부분 맡은 일을 잘 해낸다. 문제는 추진 과정에서 발생하는 다양한 이슈를 다루는 것이다. 변수가 발생하고 상황이 바뀌어도 목표를 향해 함께 나아가야 한다. 이를 위해 공동 이슈를 공유해야 한다. 이슈를 다루거나 요청하고 협의하는 과정에서 팀워크가 발휘되고 소속감이 향상된다. 또 관계적으로도 나아질 수 있다. 왜냐하면 그냥 친해지는 것과 일을 통해 친해지는 것은 깊이가 다르기 때문이다.

회사는 개인플레이가 아닌 팀플레이로 돌아간다. 팀워크를 강화하기 위해 역량 강화 교육 시간을 마련하고 팀 리더를 교육한다. 그 동안 스스로 잘하려고 생각했던 부분을 팀으로 확장하고 회사의 관점으로 다시 바라볼 필요가 있다. 혼자 고민했던 부분을 어떤 관점으로 조직 내 타인에게 어떻게 요청하느냐에 따라 과정과 결과가 달라질 수 있다.

팀워크를 잘하기 위해 필요한 것들을 살펴봤다. 팀워크를 잘하면 좋은 점은 이미 알고 있다. 하나 더 생각해본다면 팀워크는 무엇을 남기는지 살펴보는 것이다. 팀워크는 무엇을 남길까. 회사가 요구하는 성과를 남기고, 관계를 남긴다. 성과를 달성하는 과정에서 누군가와 함께 무언가를 하는 팀워크를 통해 관계라는 성과 역시 만들어 낸다면 직장생활이 훨씬 수월할 것이다.

나에게 다시 던지는 셀프코칭(self-coaching) 질문

- 팀워크에서 중요하게 생각하는 것은?

- 팀워크를 더 잘하기 위해서 내가 해야 할 일은?

- 팀 프로젝트를 통해 내가 남길 것은?

회사, 조직이라는

정글에서 살아남으려면?

　오랜만에 첫 직장 동료들을 만났다. 근황을 나누고 이어지는 대화의 주제는 다시 조직 생활에 관한 것들이었다. 조직이라는 정글에서 살아남기 위해 처절하게 노력하는 인물들이 대화에 등장했다. 그중 한 명은 내가 조직에 있을 때 소그룹의 리더였고 어느 조직에나 한 명쯤은 있을 법한 악마로 불리는 사람이었다. 명석하게 일을 하고 성과를 잘 냈지만 주변 사람들을 가혹하게 괴롭히는 리더였다. 적당한 푸시(Push)와 적절한 지원(Support)의 축으로 볼 때 누구에게나 압박이 지나쳤다. 조직 구성원과 함께 가는 방식이 리더십 스타일의 중요한 부분인데 많은 사람으로부터 좋지 않은 시선을 받으며 일했다. 지금은 더 큰 조직을 이끌고 있는데 과거와 바뀐 점이 없다고 한다. 또다시 같은 방식으로 조직 내 타인의 질타를 받으며 생존을 실천하고 있다.

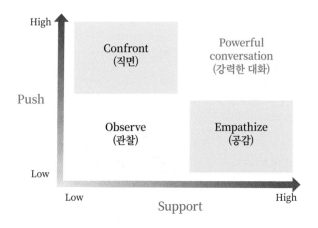

시간이 지나 다른 조직의 구성원을 만나 리더를 바라보는 다른 관점을 경험한 적이 있다. 그 분은 이렇게 말씀하셨다. "우리 리더는 경험은 부족하지만 많이 도와주고 싶어요." 실제로 몇몇 사례를 들어 말씀하시는 내용에 마음을 담은 도움이 포함되어 있었다. 사실 나 역시 알고 있는 그 리더는 리더가 되기 전에도 조직 내 타인을 대하는 자세가 분명했다. 반복되는 자세는 일시적이지 않았고 리더가 되어서도 흐트러지지 않았다.

리더십 스타일이 쉽게 바뀌진 않는다. 그러나 조직 내 타인으로부터 받는 부정적 피드백이 반복된다면 생존에 치명적인 걸림돌이 된다. 왜냐하면 리더가 되는 과정과 리더가 되었을 때 중요한 평가 요소 중 하나로 다면평가(Multisource evaluation)가 있기 때문이다. 여기에서 핵심 평가자가 바로 내부 이해관계자다. 회사는 인사의 공정성과 객관성을 확보하기 위해 평가 주체를 다양화한다. 또한 회사는 생산성 향상과 성과 극대화를 위해 조직을 구성하고 조직을 이끌 사람을 리더로 세운다. 회사의 생존 방향과 직결된 리더의 평가는 당연히 엄격하다. 따라서 직장인은 회사의 생존 방향에 맞는 생존법을 고민해야 한다.

구체적으로 자신의 생존 방식을 조직 관점에서 계속해서 점검하고 생존 핵심 습관을 만들어야 한다. 먼저 자신이 관리해야 할 영역을 정하고 그 동안 받았던 피드백을 있는 그대로 정리해야 한다. 다음에 각 영역에서 해야 할 것과 하지 말아야 할 것을 핵심 습관으로 정한다. 일(Work), 사람(Human Relationship), 리더십(Leadership)을 대표 영역으로 살펴보자.

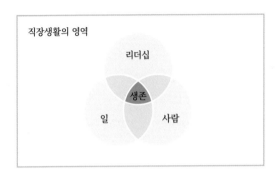

직장생활의 영역
리더십
생존
일 사람

일에서는 능력을 발휘해야 하는데 어떤 능력을 키우거나 유지할지 구체적으로 생각해봐야 한다. 직무순환과 연차에 따라 필요한 능력을 조직 관점에서 준비해야 한다. 준비한다는 것은 일차적으로 생각하고 정리하는 것이다. 그래야 방향을 설정할 것이고 불안감이 줄어들 것이다. 갖고 있는 능력 역시 유지하기 위한 습관을 갖지 않는다면 감가상각이 있을 수 있다.

사람 영역이 사실 가장 어렵다. 왜냐하면 실제로 건강한 피드백을 해주는 사람이 드물고 몇몇 피드백을 받아들이는 자신 역시 일종의 스크린을 갖고 있기 때문이다. 사람과 사람 사이에는 메시지가 오가고 그 메시지를 주고받는 각자는 자신만의 스크린을 갖고 있다. 따라서 피드백을 더 적극적으로 발굴하고 자신의 스크린은 무엇인지도 찾아야 한다. 그렇지 않으면 내가 가진 스크린으로 적당히 괜찮다며 잘못된 관계를 유지할 것이다.

일을 잘하고 사람을 잘 챙기면 될 것이라고 생각했지만 막상 리더의 자리에 서면 쉽지 않다. 일과 사람뿐만 아니라 리더십에 대해서 관심을 갖고 자신의 리더십을 점검해야 한다. 조직 구성원의 유형에 따라서 어떻게 말하고 행동할지, 성과 향상과 함께 장기적으로 조직 구성원의 성장을 어떻게 지원할지, 조직 문화에 리더로서 어떤 역할을 할지 등을 따져봐야 한다. 조직 내에서 살펴볼 수 있는 유형과 사례를 찾아보고 필요하면 전문 서적을 읽는 것도 도움이 된다.

대표적으로 살펴본 세 가지 영역뿐만 아니라 더 필요한 영역을 정하고 정리해야 한다. 정리한 것들 중 할 것과 하지 말아야 할 것을 구분하는 일이 바로 핵심이고 이를 핵심 습관으로 만드는 것은 반복해서 보고 실천하는 일이다.

나에게 다시 던지는 셀프코칭(self-coaching) 질문

- 직장생활에서 나의 생존방식을 키워드로 표현하면?

- 일, 사람, 관계에서 내가 받았던 피드백은 무엇이었나?

- 조직에서 생존을 위해 나에게 더 필요한 것은?

조직에서 원하는

애자일과 갖춰야 할 민첩성

최근 기업 교육과 HRD(Human Resource Development)에서 가장 많이 언급되는 단어 중 하나는 애자일(Agile)이다. 애자일에 대한 교육 니즈가 유행처럼 발생하고 있다. 애자일은 민첩성 또는 기민함을 의미한다. 주로 방법론으로 활용하는데 애자일 기법은 실리콘밸리에서 소프트웨어 개발 관리의 효율성을 위해 고안되었다. 계획을 수립하고 문서화하는 데 많은 시간을 소비하기보다 일의 접점에서 민첩하게 대응하는, 일하는 방법이자 방식으로 일반적인 신속성과 유연성을 넘어선 개념이다. 효과성이 입증된 후 IT기업뿐만 아니라 많은 조직이 도입하고 있다. 이런 현상은 짧게 지나가는 유행(Fad)일까 아니면 트렌드(Trend)일까. 또 이 시대에 기업과 조직 그리고 조직 구성원에게 진정으로 필요한 요소일까.

우선 애자일에 대한 수요가 많아진 배경을 살펴보자. 기업은 산업에서 살아남기 위해 극한의 경쟁을 벌여왔다. 경쟁 속도는 21세기로 들어서며 증가했지만 기업은 리스크에 대비하기 위해 점진적 혁신과 급진적 혁신 사이에서 고민해야 했다. 그러나 시간이 지나자 점진적 혁신으로 경쟁에서 뒤처지거나 사라진 기업이 나타나기 시작했다. 또한 짧은 시간 안에 글로벌 기업으로 성공한 사례가 늘어났다. 이와 함께 실제로 세상의 변화 속도가 상상을 뛰어넘는 시점이 도래했다. 과거에는 해당 산업에서 다른 기업과의 경쟁이 전략의 방향이었지만 산업을 뛰어넘는 판의 변화가 일어나자 기업은 더욱 큰 불안감에 휩싸였다. 고객 요구 역시 매우 예민해졌다. 이러한 불확실성의 가시화로 전략의 전면에 무언가를 앞세울 필요가 생겼고 그것이 애자일이다.

애자일에 대한 수요가 증가한 배경뿐만 아니라 관련된 변화, 흐름, 사례가 많다. 이를 모두 아는 것보다 조직 구성원, 즉 직장인에게 중요한 점은 애자일을 어떻게 바라볼 것인가다. 기업이 세상과 시장 변화에 따라 고민하는 것과 마찬가지로 직장인 역시 기업과 조직의 변화에 따라 고민해야 하기 때문이다. 관심을 두고 고민해야 딱딱한 민첩성과 거북한 유연

함으로 고생하지 않는다. 구체적으로 조직에서 원하는 애자일과 조직 구성원이 갖춰야 할 민첩성, 즉 조직 애자일과 조직 구성원 애자일 두 가지로 구분하고 정리해야 한다.

조직이 원하는 애자일은 외부 변화에 민첩하게 대응하는 외부 민첩성과 민첩하게 변화하는 내부 민첩성 모두를 포함한다. 기업은 이를 통해 기존보다 유연하게 또다시 새롭게 생산성을 높이고 직원을 몰입시키며 혁신의 재생산을 원한다. 고객 요구 역시 기민하게 예측해 새로운 제품과 서비스를 제공하길 바란다. 따라서 조직은 조직 관점에서 구조적으로 애자일을 구축하기 위해 변화를 시도하고 조직 구성원의 일하는 방식을 전환시키기 위해 교육한다. 현재의 조직이 애자일을 추구한다면 더 구체적으로 자신이 속한 조직의 애자일 니즈를 파악해봐야 한다. 구조적으로는 어떤 변화를 시도하고, 일하는 방식과 조직문화 측면에서는 어떠한 요구가 있는지 살펴봐야 스스로 변화에 대응할 수 있다. 이것이 조직 구성원이 갖춰야 할 최우선 민첩성이다.

다음으로 자신의 조직에서 민첩하게 대응해야 하는 일의 영역과 꼼꼼하고 철저하게 프로세스를 준수하며 점진적으로 처리해야 할 일의 영역을 구분해야 한다. 애자일의 현재 과제는 빠른 혁신이 맞는 조직이 있고, 맞지 않는 조직이 있다는 점이다. 마찬가지로 직장인 개인에게는 빠른 혁신이 맞는 일이 있고 그렇지 않은 일이 있다. 그러므로 이를 조절하는 역할 역시 조직 구성원 개인에게 있다. 개인의 목표와 성과를 다시 점검하고 조직의 애자일에 맞게 조절하며 나아가는 직장인의 자세가 현명한 조직 구성원의 애자일이다.

마지막 조직 구성원 애자일은 팀을 민첩하게 바라보는 관점이다. 개인 업무의 목표와 성과를 점검하고 조절했다면 다음 과정으로 팀과 팀 프로젝트를 따져봐야 한다. 팀 차원에서 외부 상황과 내부 사정을 고려해 팀이 민첩하게 적응하고 대응하고 있는지, 프로젝트가 기민하게 반응하고 있는지 볼 수 있는 관점을 갖춰야 한다.

변화가 없을 수는 없다. 변화하지 않거나 변화에 대응하지 못하면 쇠퇴한다. 대응의 민첩함의 정도에 따라 쇠퇴의 속도와 규모가 달라지기 시작했다. 조직에서 원하는 애자일과 조직 구성원이 갖춰야 할 애자일을 다시 그려보고 변화에 대응하고 준비할 필요가 있다.

나에게 다시 던지는 셀프코칭(self-coaching) 질문

- 우리 조직에서 원하는 애자일(Agile)은 무엇인가?

- 내가 갖춰야 할 민첩성은 무엇인가?

- 나의 민첩성을 더 높이기 위해서는 무엇이 필요한가?

사람을 이해하고
나를 지키는 역량

우리 부장님은

대체 왜 저럴까?

"우리 팀장님은 너무 답답해"

"우리 부장님은 왜 저러실까?"

입사 후 동료에게 늘어놓는 푸념에 자주 등장하는 팀장님과 부장님은 리더다. 늘 나에게 많은 업무와 스트레스를 주는 대상이다. 직장생활에서 잡담의 타깃이 되는 주요 인물이기도 하다. 그들은 정말 왜 그러는 걸까?

시간이 지나 리더를 비난하던 자신이 중간관리자가 되고 팀장이 되었다. 때로는 나도 예전에 내가 불평하던 방식으로 조직 구성원을 대하고 의사 결정을 한다. 언뜻 듣기에 조직 구성원이 나에 대한 불만을 종종 드러내는 것처럼 보인다. 어찌 보면 이 순환 역시 무한 반복이다. 결과적으로 중간관리자나 팀장, 부장 등의 리더는 그 자리가 처음이기 때문에 어려워하는 것이다. 연습하거나 훈련하지 않았고 어느덧 리더가 되었는데 여러 가지 복잡한 상황을 실제로 마주한 것이다. 물론 리더 중에 자신의 경험만으로 상대를 고려하지 않고 독단적으로 잘못된 리더십을 발휘하는 경우도 있지만 대부분은 리더십을 어려워한다.

개성과 성격이 상이한 사람들이 모여 공동의 목표를 추구하는 곳이 회사다. 서로 다른 사람들이 조직의 목표를 달성하도록 만드는 일은 쉽지 않다. 따라서 회사는 리더를 엄격하게 검증하고 리더의 자리에 세운다. 한 직무만 오래 한 사람을 리더를 시키지 않고 조직을 이끌 만한 다양한 역량을 검증하고 평가한다. 다면평가를 통해 또다시 리더가 될 수 있을지 확인한다. 다시 말해 아무에게나 리더를 맡기지 않으며 리더가 되었을 때 성과를 집중적으로 관리한다. 리더는 과거와는 다른 긍정적인 차이를 만들어야 한다. 그래야 회사에서 높이 평가하는 리더가 된다. 회사가 바라보는 리더는 이런 모습이다.

회사와 조직의 생리를 이해하고 회사가 중요하게 생각하는 포지션을 생각해볼 때 직장인으로서 자신의 미래를 준비할 수 있다. 스스로 미래를 준비해야 한다. 그러지 않으면 바라봤던 또한 원치 않았던 반복을 자신이 하고 있을 확률이 높다. 리더십을 연습하고 훈련하면 결국 최대 수혜자가 자신이 될 것이다. 언젠가는 리더가 될 경로에 있다면 리더가 될 준비를 해야 한다. 리더가 되었을 때 덜 힘들 수 있고 잘 준비하면 회사가 원하는 성과를 달성하며 조직 구성원의 성장도 이끌수 있다.

그렇다면 리더십은 어떻게 연습하고 준비해야 할까? 첫째, 지금 바라보는 모든 케이스를 배움의 기회로 삼는 것이다. 자신이 만나는 리더 유형을 분석하고 리더가 의사 결정을 할 때 나라면 어떻게 하는 것이 현명할지를 생각한다. 리더는 상황과 이슈에 따라 또는 조직 구성원의 유형에 따라 매우 다양하게 반응한다. 각각의 내용을 보고 불평만 하기보다는 학습의 기회로 바라보는 것이다. 물론 리더가 불합리한 요청을 하거나 리더에게 분명하게 말할 상황에서는 반드시 표현해야 한다.

둘째, 가능한 한 많은 케이스를 기록으로 남기고 정리한다. 이를 바탕으로 다양한 케이스를 관련 서적을 통해 학습으로 확대하면 훌륭한 준비 과정이 된다. 그 과정에서 우리는 분명히 사고(思考)한다. 어떻게 하는 것이 현명한 리더의 말, 행동, 의사결정이 될지 반복해서 해답을 찾아갈 것이다. 또한 책을 읽으면서 조직생활에서 공감하거나 위로받을 만한 사례도 만날 수 있다.

셋째, 리더로서 존경할 만한 멘토나 여러 조직의 리더를 경험한 멘토를 많이 자주 만나 본다. 리더는 단독자로서 셀프 리더십의 주체이며 스스로 해내야 할 일이 많은 쉽지 않은 역할이다. 외롭고 지칠 때가 많다. 경험이 많은 선배 리더를 만나 고민이나 이슈를 나누는 방법 또한 현명한 연습과 훈련이 된다. 리더가 될 준비 과정에 있으면 현재 조직의 리더십 이슈를 나누고 지금 리더의 자리에 있다면 리더로서 고민하는 내용을 나누면 된다.

"20대 때는 상사들을 보면 그냥 노력하지 않아도 능숙하게 될 것처럼 보였어요. 나이만 들면 괜찮을 거라고 생각했는데 신입사원 때나 지금이나 회사 일이 어렵고 힘들기는 마찬가지인 것 같아요." 한 조직의 어느 차장의 말이다. 연차가 늘어날수록 일은 계속 어렵고 리더로서 역할도 수행해야 한다. 점점 더 어려워진다. 지금부터 준비하는 지혜가 필요하다. 최대 수혜자인 자신을 위해서.

나에게 다시 던지는 셀프코칭(self-coaching) 질문

- 우리 회사/조직에서 최고/최악의 리더는 누구인가?

- 그 이유는 무엇인가?

- 나는 어떤 리더가 되고 싶은가?

직장에서 누군가를

감동시키면 일어나는 일

　최근 일주일, 한 달, 일 년을 떠올려 보자. 직장에서 누군가를 감동시켜본 적이 있는가. 경험을 떠올리기 전에 먼저 머릿속에 들어오는 생각은 직장에서 왜 감동이 필요한지, 왜 누군가를 감동시켜야 하는지에 대한 의문이다. 고객 접점 부서에서 일하면 고객을 감동시키라는 회사의 주문에 맞춰 노력하지만 쉽지 않다. 오히려 감정 노동의 스트레스가 심하기 때문에 감동이라는 단어 대신 자기 방어라는 본능적 반응이 익숙하다. 고객 접점 부서가 아닌 부서의 상황에서는 생각이 더 멀리 도망간다. 외부고객이 아닌 내부고객을 감동시켜야 하는 이유를 느끼지 못할 때가 많다. 조직에서 누군가를 감동시키는 일은 상상하기 어렵다.

한편 삶에서 누군가를 감동시킨 경험을 떠올려 보자. 그때 상대방의 반응, 표정, 전해오는 말과 표현 등이 생생하게 기억날 것이다. 또 중요한 점은 그 후 그 사람과의 관계다. 분명 좋은 관계를 유지했을 것이고 지금 다시 생각해도 미소가 지어지는 관계일 가능성이 높다. 이처럼 관계를 가깝게 만들고 끈끈하게 만드는 가장 좋은 방법이 바로 감동을 주는 것이다.

그러나 직장에서 감동이라는 단어는 생소하다. 어느덧 조직은 차갑게 변하고 굳어갔다. 침묵과 개인주의로 선을 긋기 시작하면 감동이 작동하는 마음으로 가는 길조차 얼어붙고 만다. 직장생활을 시작할 때의 초심을 떠올려보자. 물론 연차가 쌓이고 자신의 영역을 확보해나가는 일이 필요하지만 어찌 보면 좋은 관계를 만들고 유지하고 때로는 부드럽게 풀어가는 방법이 쉬운데 조금도 실천하지 않는 건지도 모른다. 다시 한번 떠올려보자. 직장에서 누군가를 감동시켜본 적이 언제인지.

사람은 누구나 감정을 갖고 있다. 때로는 조직에서 악랄하기로 유명한 사람이 감정이 있을까 하는 생각이 들기도 하지만 그 역시 감정을 갖고 있다. 피하는 게 현명할 때도 있지만 감정을 터치하는 방법을 다시 생각해볼 필요가 있다. 생각 외로 감동을 주는 일이 쉬울 수 있다. 말 한마디로 가능할 수도 있고 상대방의 말이나 행동에 반응해주는 것이 효과적일 수 있다. 사람은 말을 하고 들으며 상대의 반응을 살핀다. 다시 말해 상대방의 태도를 느낀다. 이는 반응에 신경 쓰면 마음에 다가갈 수 있다는 말이다. 자신이 어떻게 반응하느냐가 시작이지만 결과에 강력한 영향을 미칠 수 있다. 따라서 반응이 기본이고 핵심이다.

퇴근길에 지하철을 타고 가다가 평소처럼 안내 방송이 흘러나왔다. '오늘도 대단히 수고 많으셨습니다. 퇴근길일 텐데요, 귀가하셔서 즐거운 저녁시간 보내시기를 바랍니다. 일교차가 심한데요, 감기 조심하세요.' 기본 안내 방송 외에도 따뜻한 마음이 담긴 메시지가 전달되었다. 한 방송에서 들었던 기관사 목소리여서 더 반가웠는데 실제로 들으니 감동이 느껴졌다. 기관사는 스스로 기분 좋은 일터를 만들었다. 일하는 조직에서 역시 작은 말 한마디로 좋은 관계를 만들고 유지하는 사람이었다.

조직에서 좋은 관계를 만들고 원활하게 유지하는 방법으로 감동을 활용해보자. 말 한마디처럼 간단한 방법에서부터

곰곰이 생각해보면 가장 효과적인 방법까지도 이미 알고 있다. 아부하라는 것이 아니라 자신의 방식으로 상대의 마음을 터치할 수 있는 과정과 방법을 찾아보라는 것이다. 일하는 과정, 일하는 방식, 일하는 태도가 될 수 있고 때로는 작은 표현일 수 있다. 말로 하는 표현이 어색하다면 짧은 글도 괜찮다. 회식에서만 말할 수 있는 것이 아니다. 방법은 다양하다. 중요한 건 그럴 마음이 있느냐 없느냐. 결국 자신에게 돌아오는 것을 생각해 봐야 한다. 이리 저리 생각해보고 돌아보고 와도 어찌 됐든 사람이 모여서 일하는 곳이 조직이고 회사다. 사람을 향할 때 다시 새로운 기회가 보이고 기운이 솟아난다.

먼저 시도하고 돌아오는 반응을 받아들이자. 돌아오는 건 상처뿐이라는 생각으로 아무것도 시도하지 않는다면 아무 일도 일어나지 않는다. 주는 만큼 상대에 마음에 닿을 것이고 반응을 느낀 만큼 자신의 내적인 공간도 넓어질 것이다. 우리 마음은 내적 공간을 많이 확보할수록 더 많은 감동의 기회를 만들어 낸다. 오늘은 내 안에서 감동이라는 단어를 떠올려보자.

나에게 다시 던지는 셀프코칭(self-coaching) 질문

- 나는 최근에 누군가를 감동시켜 본 적이 있는가?

- 그때 나의 어떤 역량이 발휘되었는가?

- 이번 주에 내가 감동시킬 사람은?

현명한 직장인은

성숙한 방어기제로 고난에 대처한다

직장생활이 편안하면 좋겠다. 어느 정도 적응하면 편안한 느낌이 들 때가 있다. 하지만 이내 전쟁터에 와 있음을 실감한다. 마음대로 통제할 수 없는 것들이 주변에서 마치 폭탄처럼 터진다. 폭탄을 피하지만 폭탄의 파편이 나에게 날아든다. 폭탄을 피해서 회사를 옮기고 싶지만 쉬운 선택이 아니다. 파편 외에도 직장생활은 수많은 고난의 연속이다. 피할 수 없으면 즐기라는 말은 이미 기억의 저편에 멀리 보낸 지 오래다.

그렇다면 고난에 어떻게 대처해야 할지 살펴보는 것이 현명한 차선책이다. 인생에 고난이 없으면 좋겠지만 그러긴 어렵고 직장생활도 마찬가지다. 인생의 행복도 직장생활의 행복도 고난과 연관되어 있다는 점은 사실이다. 따라서 고난을 어떻게 바라보고 어떻게 대처해야 하는지 생각해 봐야 한다.

직장생활에서 상사나 동료 등의 직장인 유형에 따라 경험적으로 대처하는 방법도 괜찮지만 이러한 경험치에 성숙한 내적 방어기제까지 갖춘다면 더 효과적일 것이다. 경험만으로 대처하거나 성숙하지 않은 방어기제를 사용한다면 더 큰 고난을 만났을 때 더 깊은 상처를 받고 더 깊은 수렁에 빠질 수 있다.

방어기제(Defense mechanism)는 자아가 위협받거나 불안감을 느끼는 상황에서 자신을 보호하기 위해 사용하는 심리의식이다. 즉 갈등과 스트레스를 최소화하려는 심리적 기제를 말한다. 성숙한 방어기제를 사용해야 멀리 가고 오래갈 수 있다.

성숙한 방어기제는 두 가지 측면에서 중요하다. 한 가지는 자신을 위한 측면이다. 미성숙한 방어기제를 사용하면 같은 문제가 반복되고 더 큰 고난이 닥쳤을 때 대처 능력이 떨어지기 때문에 성숙한 방어기제가 중요하다. 다른 한 가지는 타인과의 관계 때문이다. 성격과 개성이 다른 타인과 함께 일해야 하는 직장생활에서 미성숙한 방어기제를 사용한다면 타인도 그것을 느낀다. 다른 사람 눈치를 심하게 보라는 말이 아니다. 타인이 당연히 느끼는 상황을 인지한다면 더 현명한 방법을 택하는 것이 결국 자신을 위한 길이라는 말이다.

　　미성숙한 방어기제가 반복되면 상황 탓을 하거나 부정적으로 생각해서 될 대로 되라는 식으로 행동하는 경우가 많다. '나도 많이 참았는데 이런 모습을 보여줘야 나를 배려해 주지 않겠어'라는 생각으로 행동하는 것이 대표적인 사례다. 그러나 여기에서 중요하게 생각해야 할 점이 바로 조직은 개인을 배려하지 않는다는 점이다. 조직은 개인을 관리한다. '내가 이런 모습을 보여야 나를 배려해 주겠지'라는 생각은 자신에게, 그리고 자신과 타인과의 관계에 악영향을 미친다. 성숙한 방어기제로 현명하게 대응해야 한다. 조직이 어떤 곳이라는 점을 잘 안다면 미성숙한 방어기제에 대해 철저하게 주의해야 한다.

　　이제 고난에 대응하는 현명한 방법인 성숙한 방어기제를 살펴보자. 우선 방어기제 종류를 살펴볼 필요가 있는데 부정,

억압, 합리화, 투사가 일반적이다. 부정은 현실을 부정하는 것, 억압은 억누르고 참는 것, 합리화는 자신에게 유리하게 정당화하는 것, 투사는 남 탓 또는 환경 탓으로 돌리는 것을 뜻한다.

방어기제는 자신을 보호하려는 일종의 본능이기 때문에 방어기제가 나타난다고 잘못된 것이 아니다. 자연스러운 현상이다. 중요한 것은 자신에게 어떠한 방어기제가 나타나는지 인지하고 조절하거나 현재 상황을 지혜롭게 헤쳐 갈 수 있는 방어기제를 추가하는 능력이다. 이것이 성숙한 방어기제다.

자신의 방어기제를 바라보며 인지하고 조직 관점으로 다시 조망하면 자신에게 그리고 조직 상황에 유리한 반응과 대응을 선택할 수 있다. 자신이 원하는 것을 표현하면서 조직 내 타인에게도 합리적으로 전달될 수 있는 대처를 선택하는 것이다.

'행복의 조건'의 저자 조지 베일런트는 하버드 법대생 268명을 대상으로 70년간 연구한 인생 성장 보고서를 통해 "행복의 조건은 고통에 어떻게 대처하는가에 달려 있다"고 말했다. 그가 뽑은 행복의 조건 첫 번째는 고통에 대응하는 성숙한 방어기제다. 인생에서 많은 시간을 보내는 곳인 직장에서 환경을 바꾸기 어렵다면 성숙한 방어기제를 통해 직장생활의 행복도를 스스로 높여야 현명한 직장인이다.

나에게 다시 던지는 셀프코칭(self-coaching) 질문

- 직장에서 주로 겪는 고난은 무엇인가?
- 직장에서 내가 고난에 대처하는 방법은?
- 고난에 대처하는 성숙한 방어기제는 무엇인가?

직장에서 비스킷처럼

부서지는 멘탈 극복하기

"나는 왜 이렇게 멘탈이 약할까?"

오늘도 비스킷처럼 부서지고 허술하게 쌓은 모래성과 같이 무너지는 나의 멘탈을 본다. 그리고 자신을 원망하고 공격한다. 상사로부터 혹은 선배로부터 듣는 말에 왜 이토록 쉽게 무너지는지 모르겠다. 오히려 역치가 낮아지고 상대가 싫어지면 더 쉽게 무너진다. 내성이 약해지면 자신을 공격하고 남까지 공격하는 악순환이 시작된다. 나의 멘탈은 왜 이럴까.

멘탈 관리를 잘하기 위해서는 우선 이해가 필요하다. 최우선 이해는 누구나 그럴 수 있다는 공감의 이해다. 이를 통해 자신을 계속해서 공격하거나 상황을 나쁘게 바라보고 상대까지 공격하는 것을 멈춰야 한다. 다음 이해는 쉽게 무너지는 멘탈 자체에 대한 이해다. 원인은 부정적 정신습관이다. 정신습관은 비슷한 경험이 중첩돼 생긴 생각의 경향을 말하는데 중첩될수록 악화되며 계속해서 자신을 괴롭힌다. 이를 극복하기 위해선 건강한 정신습관이 필요하다. 또한 이해를 통해 높은 관점으로 조망하며 앞으로 나아가야 한다. 즉 그럴 수 있다는 것을 이해하고 자신이 현재 어떤 상태와 상황인지 바라보며 건강한 정신습관을 늘려나가야 한다.

그렇다면 건강한 정신습관은 어떻게 만들까? 첫째, 자신을 공격하는 생각과 행동을 멈춰야 한다. 자신을 가장 먼저 믿어줘야 한다. 괜찮다고 말해주고 칭찬하고 인정해야 한다. 자신을 먼저 인정하지 않으면 누가 나를 먼저 인정해주기 어렵다. 사람은 표현을 잘하지 않지만 자신이 가장 소중한 존재라고 믿는다. 그러나 때때로 상황에 의해 이를 잊고 자신을 공격하는 내 안의 내가 나타나 자신을 괴롭힌다. 그렇기 때문에 자신을 가장 먼저 믿고 끝까지 믿어주는 것이 멘탈 관리의 기본이다. 또한 자존감을 지키고 높이는 첫 단계이기도 하다.

둘째, 자기통제보다는 자기이해를 통해 자기조절을 해야 한다. 상황을 마주하고 대처하기 위해 자기통제를 많이 사용하면 자신을 공격할 확률이 높아진다. 자기통제는 내 안의 나를 공격하는 내가 나타나 자신을 착취하도록 하며 자존감을 떨어뜨리고 심하면 번아웃(Burnout)까지 가도록 만든다. 따라서 자기이해를 통해 자신과 함께 조절하며 가는 것이 건강한 정신습관이자 멘탈 관리다. 자기이해는 다양한 상황을 경험적으로 정리해서 어떤 상황에서는 자신이 어떨 수 있다는 점을 알아가는 과정이다.

우리는 보통 자신을 잘 안다고 생각하지만 세세한 상황을 마주해야 다시 자신을 확인한다. 다시 말해서 자신에 대해 제대로 정리된 상태로 알지 못한다는 점이다. 따라서 자기이해의 방법으로 시간을 갖고 자신에 대해 기록하고 정리하는 것을 추천한다. 때로는 반복적으로 자신을 망각하는 것이 사람이다. 기록과 정리를 통해 자신을 이해하면 자신에 대한 공격도 줄일 수 있다.

건강한 정신습관을 만들기 위한 세 번째 단계는 경험을 바라보는 방식을 바꾸는 것이다. 정신의학에 따르면 정신습관은 타고난 기질, 성장 환경, 부모의 양육 방식, 경험에 영향을 받는다고 한다. 이 중 바꿀 수 있는 것은 경험뿐이다. 과거의 경험은 경험을 바라보는 관점을 긍정적으로 바꿔야 하고 현재와 미래의 경험 역시 잘못된 방식으로 바라보고 있는 건 아닌지 점검해야 한다. 사람은 경험에 영향을 많이 받는다. 지난 경험을 바라볼 때 부정적 정신습관이 생긴 과정은 없는지, 이로 인해 현재의 삶에 문제가 발생하지는 않는지 확인해보자. 필요하면 관련 내용을 학습하고 이해도를 높여야 하는데 이 또한 멘탈 관리이자 건강한 정신습관의 과정이다.

상처를 받지 않는 건 어렵다. 또한 상처가 없는 사람은 없다. 중요한 것은 상처를 어떻게 바라보고 극복하느냐다. 매일 무너지는 멘탈이 문제라면 내가 상처에 현명하게 대응하지 못하고 있다는 것이다. 건강한 정신습관을 위한 세 가지 단계를 실천하며 상처에 대응하고 마음의 근육을 조금씩 키워보자.

나에게 다시 던지는 셀프코칭(self-coaching) 질문

- 나의 멘탈은 강한 편인가? 약한 편인가?

- 나는 스스로를 얼마나 믿는가?

- 나는 경험에 대해 어떤 생각을 갖고 있는가?

직장인의

자존감을 높이는 방법

　자존감이 중요할까? 자존감 없이도 그냥 살 수 있을까? 자존감이 중요하다는 말이 많아서 반문해본다. 비판적 사고로 자존감이 없이도 잘 살 수 있을지 잠시 생각의 저편을 바라본다. 물음표가 올라온다. 때때로 우리는 자신을 수없이 공격하지만 다시 자신을 보호하려는 존재다. 누군가 나를 공격할 때 자신을 보호하기 위해 저항하는 것처럼 자신을 존중하지 않는 느낌을 반복하면 다시 자신을 보게 된다. 인간의 공통된 특성 중 하나다. 자존감이라는 것을 쉬이 두고 가긴 어렵다. 또 100세까지 수십 년을 함께 가야 하는 존재가 바로 자기 자신이기 때문에 자신을 어떻게 생각하고 바라볼지는 매우 중요하다.

타인과 함께 성과를 내는 일을 하는 직장에서는 자존감에 상처를 받기 쉽다. 직급을 가진 조직에서 다양한 타인들과 함께 일하는 과정에서 자존감에 공격을 자주 받는다. 신입사원 시절에 선배나 상사로부터 받는 질타, 말을 함부로 하는 동료, 처음 하는 일에서 반복되는 실수, 연차가 올라가면서 받는 성과나 평가의 비교 등이 자존감에 영향을 미친다. 사람이나 일과 연결이 늘어나면서 발생 빈도가 늘어나는 것처럼 느껴진다. 상처받는 과정을 통해서 단단해지기도 하지만 어떻게 바라보느냐에 따라서 더 단단해지기도 한다. 연결이 늘어나고 경험이 축적되면 배우고 성장하는 면이 있듯이 자존감 역시 어떻게 바라보느냐에 따라 더 탄탄해질 수 있다. 직장생활에서 자존감을 높이려면 어떻게 해야 할까.

　우선 자존감에 대한 이해의 정도를 높여야 한다. 그동안 자존감이 중요하다는 말만 들어왔다면 자존감에 대한 이해를 먼저 해야 자존감을 높이는 길로 들어설 수 있다. 자존감은 자아존중감을 뜻한다. 말 그대로 이해하면 빠르다. 직관적으로 자신에게 질문을 던져보자. '나는 자신을 얼마나 존중할까?' 표현에 익숙하지 않을 수 있지만 생각해보면 이러한 질문을 자신에게 해본 적이 없고 대답을 하려니 어색하다. 다시 말하면 우리는 자신을 적당히 존중한다는 의미이기도 하다. 그렇다. 자존감이 중요하다는 말을 많이 듣고 말했지만 정작 자신을 진정으로 존중해주는 표현이나 생각 그리고 행동을 하지 않았다.

직장생활에서 만나는 수많은 감정의 파도, 악전고투, 고군 분투의 과정이 직장인의 역사(歷史)고 현재의 시간이다. 그 시간에 자신을 존중해줄 많은 기회가 있다. 그냥 적당히 넘어가도 괜찮다고 말하는 사람이 있지만, 진짜 괜찮은지 살펴봐야 한다. 자신과 대화하는 시간으로 활용한다면 오히려 자존감을 높일 수 있는 누적의 시간이 된다. 자존감은 갑자기 높아지지 않는다. 작지만 반복적으로 자신을 존중해주는 습관이 가장 효과적이다. 인문과학 분야에서 많은 판매량을 기록한 '자존감 수업'의 저자 윤홍균 정신과 전문의 역시 책에서 강조하는 방법이 반복적으로 자신을 향해 토닥이는 것이다. 저자 자신 역시 본인이 직업이 의사이고 높은 연봉을 받지만 때때로 자존감이 낮아질 때가 있다고 한다. 그게 자존감이라고 말한다. 매일 자신을 격려해주는 시간을 통해 자존감을 높일 수 있다고 한다. 직장에서 자신이 하는 일에 더 많은 격려와 응원을 보내고 마주하는 어려운 상황에서 자신을 계속해서 공격하기보다는 자신을 존중하자.

반복되는 업무, 부하가 많은 업무에 복잡한 이해관계와 상황적 어려움이 더해지고 부정적인 생각이 들면 자신에 관한 관심과 존중 역시 부족해질 수 있다. 상황이 변하고 어려워질 수 있지만 가장 먼저 해야 할 일이고 끝까지 해내야 하는 부분이 자신을 지키는 일이다. 작지만 반복적으로 자신을 존중하는 습관을 실천해보자. 가령 복잡한 업무를 마치거나 까다로운 미팅을 끝냈을 때 자신을 칭찬하고 인정해주는 표현을 하는 것이다. 퇴근하는 길에 재미를 위한 스마트폰 콘텐츠도 좋지만 잠시 자신을 토닥이는 시간을 갖자. 자신을 존중하는 일은 누가 대신해주기 어렵다. 타인이 잠시 위로를 해줄 수 있지만 매일 선물과 같은 존중을 해줄 수 있는 존재가 바로 자신이다. 오늘은 퇴근길에 자신을 힘껏 안아주자.

나에게 다시 던지는 셀프코칭(self-coaching) 질문

- 현재 나의 자존감 상태는?
- 나의 자존감을 위해 내가 하고 있는 것은?
- 나의 자존감을 위해 매일 반복적으로 할 것은?

직장에서 생존력을 높이는

리스크 매니지먼트

회사는 경영체다. 제품이나 서비스를 생산하고 고객에게 판매하여 이윤을 창출한다. 시장에서 경쟁하고 살아남기 위해 고군분투한다. 생존의 과정이 모두 경영이다. 생존이라는 말은 어느새 경영에서 필수 항목이 되었다. 경쟁이 치열해지고 경쟁의 경계가 허물어지면서 생존은 일상이 되었다.

한편 조직에서 조직 구성원의 생존 역시 일상이 되었다. 초경쟁 시대에 돌입한다는 것은 조직 내 성과 경쟁 역시 가속된다는 의미를 포함한다. 물론 이상적인 조직문화로 과도한 내부 경쟁 없이 효과적인 협업으로 직장생활을 이어가면 좋겠지만 현실은 생각과는 거리가 있다. 직장에서 개인이 자신을 어떻게 경영하느냐에 따라 성과뿐만 아니라 생존까지도 달라진다. 큰 그림으로 자신을 효율적으로 경영하는 것이 필요한데 그 중에서 지속적으로 관심을 가져야 할 부분은 리스크에 대한 부분이다.

회사 업무는 연차가 늘어날수록 스킬이 생기고 스피드가 빨라진다. 회사는 점점 더 어려운 업무를 부여하고 다양한 역량을 요구하지만 조직 구성원은 충분히 해낸다. 때때로 두렵지만 막상 역할과 책임을 맡으면 또 해낸다. 그러나 위험이 감지되거나 닥쳤을 때 제대로 관리하지 못하면 직장생활에 어려움이 많이 생긴다. 따라서 업무 처리도 중요하지만 리스크 매니지먼트를 어떻게 할지 관심을 가져야 한다.

리스크가 없을 수는 없다. 직장생활을 이어가며 마주하는 수많은 상황, 위험천만한 경우, 치명적인 위기가 있다. 이때를 어떻게 관리하느냐가 리스크 매니지먼트다. 위기 감수가 아닌 관리를 해야 한다. 관리의 개념이 중요하다. 없을 수 없는 위기라는 상황을 어떻게 준비하고 대처하고 후속 처리할 것인지 생각해봐야 한다. 직장생활에서 리스크 매니지먼트는 어떻게 해야 할까?

먼저 해야 할 첫 번째는 준비다. 직장에서 무언가 실행한다는 것은 일을 한다는 뜻이다. 조직 내 일에서 가장 중요한 점은 성과다. 성과 자체를 높이는 전략과 방법 역시 중요하지만 동시에 리스크 역시 관리해야 한다. 이 때문에 일을 잘하기 위한 준비를 할 때 예상되는 리스크는 없는지 면밀하게 살펴봐야 한다. 심각한 문제가 발생했던 과거의 경험을 떠올려보면 '미리 이런 점들을 확인했으면 좋았을 텐데'라며 종종 후회한다. 다시 후회가 반복되지 않게 하려면 점검을 미리 하면 된다. 직장생활의 수많은 경험은 점검 요소를 늘릴 것이다. 어떤 일의 준비 단계에서 사전에 점검해야 할 부분을 대상에 따라 나눠 준비하거나 시간의 흐름이나 동선에 맞춰 생각해보는 것이다. 사소한 준비가 큰 위험을 막을 수 있다.

둘째, 지난 업무를 리뷰(Review)하며 위험 요인을 발굴해야 한다. 심각한 문제는 사소한 위험 요인으로부터 시작된다. 업무를 처리하는 과정에는 많은 이해관계자가 연결되기 때문에 사소하지만 치명적인 리스크가 존재할 가능성이 있다. 그러므로 업무 처리 후에는 여러 관계와 상황적인 측면에서 돌아보며 리스크가 없었는지, 다음에 어떻게 보완하면 좋을지 살펴볼 필요가 있다.

셋째, 변화 관리를 해야 한다. 기업 경영에서 불확실성이 증대되듯이 조직 내 개인 경영에서도 불확실성이 존재한다. 불확실성을 불안감과 두려움으로만 바라볼 것이 아니라 변화로 바라보고 변화에 대응할 고민을 해야 한다. 누가 대신해주지 않는다. 조직이 개인을 배려하기는 어렵다. 스스로 준비해야 한다. 직장생활에서 지치고 힘들 때는 조절하며 잠시 쉬어갈 필요가 있지만 변화 관리에 대한 끈은 놓지 않아야 한다. 변하는 조직 내외부 상황에 따라 개인은 어떤 내부 자원을 활용해야 하고 어떤 신성장동력을 발굴해야 하는지 생각해보는 것이 시작이다. 개인을 다른 개인이 이끌어주는 조직 내 인맥의 끈은 끊어질 수 있다. 그러나 스스로가 연결한 변화 관리의 끈은 의지만 있다면 쉽게 끊기지 않는다.

그런 것까지 해야 하느냐며 도피하는 두려움과 망설이는 귀찮음을 옆에 내려놓고 작은 생각을 행동으로 연결해보자. 작은 생각이 관점을 바꿀 수 있다. 생각보다 효과적인 전략이 되고 방법이 되며 준비가 된다. 직장인의 리스크 매니지먼트를 위한 세 가지 전략은 그렇게 시작된다. 작은 시작이 현재와 미래에 자신의 생존력을 높일 것이다.

나에게 다시 던지는 셀프코칭(self-coaching) 질문

- 현재 내가 갖고 있는 리스크는 무엇인가?
- 지금 다시 점검해야 할 것들은 무엇인가?
- 앞으로 관리가 필요한 리스크 영역은?

일 잘하는 역량

일 잘하는 사람들의

공통점은 무엇일까?

'10을 할 수 있지만 5 정도만 하는 상태'는 직장에서의 어느 직급을 가리키는 말일까? 우스갯소리로 '대리(代理)'를 말한다. 업무에 스킬과 스피드가 생기고 집단을 대신해서 일을 처리할 수 있는 직급인 대리가 되면 일을 쳐내는 기술에 집중한다. 적당히 일할 수 있도록 조절할 수 있는 능력이 생존 과정에서 본능적으로 장착된다. 그렇게 하는 것이 스스로를 지키는 것이라고 어느 순간 말하고 있다. 일을 잘해서 오히려 주어지는 일이 늘어나는 경험을 한 후라면 더욱 간절해지는 생각이 바로 '적당히 하자'다.

물론 자신의 상황에 맞게 조절할 필요는 있지만 속으로는 일을 잘하기 위해선 어떻게 해야 할지 생각하고 준비해야 한다. 언제까지 계속해서 일을 밀어내거나 적당히 하긴 어렵다. 중요한 기회가 왔을 때 유능함을 보여줘야 하고 실제로 업무가 몰리게 되면 결국 일 잘하는 기술이 필요하기 때문이다. 연차를 더해가고 직급이 올라가며 어려운 일을 더 잘 조절하면서 해내기 위해서도 필요하다. 직장생활을 잘하기 위해서는 여러 가지 요소를 갖춰야 하지만 그중 가장 기본이자 우선순위가 다시 일이다.

일을 잘하기 위해서는 어떻게 해야 할까? 직장인이라면 어떻게 하면 일을 잘할 수 있을지 한번쯤은 고민해봤을 것이다. 가장 좋은 방법은 자신의 일하는 방식과 업무 프로세스를 돌아보고 정리하는 것이다. 우리는 사고하는 존재이기 때문에 더 나은 방법을 찾을 것이다. 우선 자신이 어떻게 일하는지 알아야 다음 걸음을 내디딜 수 있다. 지금은 당연하게 여기고 빠르게 잘 처리하는 업무 역시 한 발짝 떨어져서 그 과정을 정리해야 한다. 아이큐가 높다고 일을 잘하진 않는다. 배경이 훌륭하다고 일을 잘하지 않는다. 소위 말해서 '일머리'가 있는 사람이 일을 잘하는데, 아이큐나 배경과 관련이 없다는 것이 이미 사회에서 증명됐다. '일머리'가 있는 사람은 일하는 방식과 업무 프로세스를 고민하는 사람이다.

두 번째 좋은 방법은 자신이 일하는 조직에서 일 잘하는 사람들의 공통점을 발견하는 것이다. 어느 조직이든 일 잘하는 사람이 있다. 조직 관점에서 그들의 공통점을 찾아보면 배울 점이 있다. 이 방법으로 첫 직장에서 일 잘하는 사람들의 공통점을 찾아본 적이 있었다. 몇 가지 발견한 공통점은 일에 대한 이해도가 높고, 일의 전체 맥락을 볼 줄 알며, 무엇이 중요한지 스스로 명확하게 알고 있다는 점들이었다. 사실 당연히 필요한 것들인데 해당 영역을 위해 자신은 어떤 노력을 하고 있는지와 각 영역을 점검 포인트로 활용한다면 무엇이 달라질지 생각의 흐름이 달라진다. 또한 일을 잘하는 사람들은 적절한 질문을 잘하는데 질문을 잘하는 사람들의 특징 역시 위의 공통점과 동일하다. 주제에 대한 이해도가 높고, 전체 맥락을 보며, 무엇이 중요한지 알고 그것과 관련된 질문을 한다.

첫 직장 이후로 두 번째 직장 그리고 그 이후 다양한 직장인을 만나며 발견한 또 하나의 일 잘하는 사람들 공통점은 경우의 수를 반드시 고려한다는 점이다. 경우의 수는 리스크

(Risk)가 될 수도 있고 대안이 될 수도 있다. 가능한 경우의 수를 고민하고 조사해서 공유하거나 보고한다. 보고받는 사람이나 협업하는 사람이 보기에 일을 잘한다고 느끼고 실제 일의 본질에 있어서도 좋은 효과를 발휘한다.

일을 잘하기 위한 좋은 방법 세 번째는 일의 과정과 성과를 효과적으로 표현하는 것이다. 과도한 보여주기를 하라는 말이 아니다. 이 역시 일의 맥락을 보고 어떻게 표현해야 적절한 능력의 노출이 될지 고민이 필요하다는 말이다. 조직에서 일하면 어쩔 수 없이 거치는 프로세스이기 때문에 글과 말로 일의 과정과 성과를 어떻게 효과적으로 보고하고 전달할지 생각해야 한다. 사소하게 반복되는 예인 중간보고 시점과 방법, 데드라인의 준수, 이메일 보고 시 제목과 본문 내용의 구성부터 일의 성과를 정성적·정량적으로 어떻게 표현할지까지 세심하게 살펴봐야 한다. 사소한 것들은 매일같이 반복되기에 인지와 각인 효과 때문에 중요하고, 일의 성과는 평가에 큰 영향력을 미치기 때문에 중요하다.

일을 잘하기 위한 방법에 관심을 갖고 일 잘하는 사람들의 공통점을 발견하며 성장한다면 '적당히 하자'보다 효과적인 '적절히 잘하는 스마트한 인재'가 될 수 있다. 많은 직장인이 원하는 자신을 지키며 일하는 방식이다.

나에게 다시 던지는 셀프코칭(self-coaching) 질문

- 나의 일하는 방식은 무엇인가?

- 우리 조직에서 일 잘하는 사람들의 공통점은 무엇인가?

- 내가 취해야 할 일 잘하는 방법은?

인정받는 직장인의

질문능력

    과장님의 업무 지시가 상세하지 않다. 이후 이어지는 말 역시 길지 않다. "할 수 있겠어?" 사원은 대답한다. "네." 사원은 자기만의 생각으로 업무를 진행하고 결과물을 과장님께 보고한다. 결과는 어떨까. 예상대로 피드백이 좋지 않다. 드라마 '미생'의 한 장면이다. 주인공인 장그래는 인턴 사원이지만 이 상황은 직장생활에서 누구에게나 있을 수 있다. 자주 보고 접하는 장면이지만 그냥 지나치면 안 되는 매우 중요한 순간이다. 왜냐하면 일이 발생하는 시점에 일을 잘할 수 있는 최고의 기회가 있기 때문이다. 이때 필요한 것은 무엇일까.

질문이 필요하다. 물론 서로 신뢰가 형성되어 있고 매우 다양한 일의 경험으로 '척하면 척'의 상호관계라면 문제가 없다. 하지만 그렇다고 해도 최고의 기회를 활용하기 위해서는 질문을 해야 한다. 결과물의 수준을 높이고 소모적으로 일을 여러 번 하지 않을 수 있는 찬스다. 질문을 통해서 일의 방향과 상사의 의도를 파악해야 한다. 그렇다면 어떤 질문이 좋을까.

우선 상대가 한 말을 그대로 반복하는 질문이 좋다. 예를 들어 "아, 이렇게 하라는 말씀이시죠?"라고 하면 된다. 이 질문을 통해서 상대의 의도를 파악하고 중요한 사항은 다시 확인할 수 있다. 추가 질문으로는 상대가 원하는 일의 방향에 대한 정보를 얻을 수 있는 질문이 좋다.

장그래가 기회를 포착하지 못하고 지나가서 아쉽지만 장그래만의 문제는 아니다. 과장님인 상사 역시 효과적인 질문을 해야 한다. 자신이 지시한 업무를 상대가 어떻게 받아들였는지, 어떻게 진행할 것인지 확인하는 질문이 필요하다. 질문을 통해 몇 마디 대화를 더 나누면서 함께 결과물을 좋은 방향으로 그릴 수 있고 대화가 서로 가까워질 수 있는 소통의 과정이 되기도 한다. 적절한 신뢰를 의무로 생각하고 질문을 생략하는 것보다 간단한 확인을 통해서 원하는 결과물을 만들 수 있다.

다음 단계로 효과적인 질문이란 무엇이고 어떻게 질문해야 할지 살펴보자. 먼저 평소에 조직에서 사용하는 질문을 떠올려야 한다. 혹시 책임을 추궁하는 질문이나 유도하는 질문을 하고 있다면 질문을 바꿔야 한다. 자신이 하고 싶은 말의 끝에 물음표만 붙인다면 질문이라고 할 수 없다. 비난이나 추궁이 될 수 있다. 이런 질문은 상대가 생각하도록 하는 것이 아니라 대충 답하거나 말문을 닫게 만든다. 질문하는 사람이 질문을 제대로 하지 않으면 상대가 생각할 기회를 없애고 상대는 체념하거나 도망간다.

효과적인 질문이란 상대가 생각하고 답변하게 만드는 질문을 말한다. 상대를 생각하게 만드는 가장 간단한 질문법은 질문에 '어떻게'를 포함하는 것이다. 이를테면 "할 수 있겠어요?"를 "어떻게 하는 게 좋을까요?"로, "해봤어요?"를 "어떤 시도를 해봤나요?"로 바꾸는 것이다.

인정받는 직장인은 질문 능력이 탁월하다. 상사에게 하는 질문을 적절하게 선택하고 동료나 후배 사원에게도 효과적인 질문을 던진다. 일의 시작과 진행 시점에서 중요한 질문을 놓치지 않는다. 또한 일이 진행되지 않을 때나 문제가 발생했을 때 모두에게 필요한 질문을 공유한다. 나아가 질문 능력을 자신의 업무 처리에도 활용한다. 무언가 막힐 때 질문으로 바꾸고 대답하는 과정을 반복한다. 예를 들어 보고서에서 '목적'에 대해 쓰기 어려울 때 목적 항목을 '이것을 하면 우리 회사에, 우리 부서에, 우리 팀에, 우리 제품 또는 서비스에 무엇이 좋을까?'라는 질문으로 바꾼다.

질문하는 능력을 향상하는 방법은 자신의 질문 형태를 살펴보고 다르게 질문하는 연습을 하는 것이다. 내가 했던 질문 또는 내가 할 질문을 효과적인 질문으로, 즉 상대가 생각할 수 있도록 만드는 질문으로 바꿔보자. 상대의 반응이 달라질 것이다. 질문의 형태와 그에 따른 반응을 호기심을 갖고 수집해보자. 어느 정도 질문들이 모이면 또 어떻게 바꿀 수 있을지 고민하고 바꾸고 적용해보자.

나에게 다시 던지는 셀프코칭(self-coaching) 질문

- 직장에서 나는 질문을 많이 하는 편인가?

- 내가 주로 하는 질문은 무엇인가?

- 성과와 결과물을 좋게 만들기 위해 필요한 질문은?

회사에서 보고서를

도대체 왜 쓰는 걸까?

직장생활에서 반복되는 업무 중 하나인 보고서 작성에 이골이 났다. 입사 후에 어느 정도 업무를 익힐 즈음에는 회의록과 출장보고서 작성을 반복한다. 비슷한 형태는 어렵지 않게 작성할 수 있다. 작은 보고서지만 작성을 완료한 후에 성취감이 따라온다. 그런데 시간이 지나자 다른 형태의 보고서 작성을 요청받는다. 해결보고서다. 어떤 문제나 이슈를 분석하고 해결안을 포함하여 작성해야 한다. 끝이 아니다. 다음은 가장 어려운 기획보고서를 작성해야 한다. 무에서 유를 창조하는 느낌이다. 끝이 없는 보고서 작성, 회사에서 보고서를 도대체 왜 쓰는 걸까.

어딜 가나 인간의 삶에서 커뮤니케이션이 중요하다. 회사에선 커뮤니케이션 수단이 글과 말이다. 서로 다른 사람들이 모여서 일을 하고 성과를 내기 위해서 공통의 연결고리가 필요한데 그것이 바로 보고서다. 글로 보고서를 쓰고 말로 보고한다. 회사의 공통 언어로써 보고서가 조직을 연결하고 조직 구성원을 매개한다. 수단으로써 보고서이고 그것이 바로 필요성이다. 보고서를 작성하는 궁극적인 목적을 알아보기 전에 필요성을 먼저 이해해야 한다.

회사는 이익을 창출해야 한다. 이를 위해서는 무언가를 해야 하는데 달리 말하면 의사결정을 한다는 말이다. 회사가 하는 모든 활동은 의사결정을 수반한다. 그런데 회사의 의사결정은 수익성 또는 회사의 존폐에도 영향을 미친다. 따라서 의사결정을 잘해야 하는데 회사에서는 여러 사람의 검토를 통해 효과적인 의사결정을 추구하고 그 수단이 보고서다. 예를 들어 100억원의 예산을 투자하는 의사결정인데 대충 할 수가 없는 것이다. 보고서를 작성하고 회의를 하고 여러 담당자 및 직책 보임자의 검토를 통해 위험 요소를 발굴하며 의사결정의 수준을 높인다.

보고서를 작성하는 가장 중요한 최종 목적이 의사결정이

고 다음 목적은 문제해결이다. 의사결정을 하는 과정에서 발생하는 문제, 사업을 추진하며 새롭게 떠오른 상황과 요인을 해결하기 위해서 보고서를 쓰고 여러 사람들의 의견을 수집한다. 최근에는 간략하게 정리하고 공유하며 집단지성을 활용할 수 있도록 효율적인 방법으로 연결하는 조직이 늘고 있다. 수단은 간소화하고 집단지성은 극대화한다. 수단은 다양하다. 또한 바뀔 수 있다. 하지만 목적을 분명하게 인지해야 결과물을 잘 만들 수 있다. 그러므로 보고서를 작성하는 이유를 정리하는 것이 중요하다.

세 번째 목적은 소통이다. 회사의 공통 언어로 작성한다고 무조건 소통이 되는 건 아니다. 하지만 기본적인 부분을 맞춰야 생산성과 효율성을 높일 수 있다. 그렇지 않으면 시간이 오래 걸리거나 과정에서 갈등이 생기고 새로운 이슈가 발생하기도 한다. 소통을 위해서 회사는 다양한 연구와 실행을 하지만 그 중 기본은 다시 보고서라는 회사의 언어다.

보고서 작성의 중요한 세 가지 목적

의사결정	문제해결	소통

회사에서 보고서를 쓰는 이유 세 가지를 목적지에 두고 보고서를 작성하거나 일을 하면 결과물이 좋아진다. 보고서에 반드시 포함할 요소를 세 가지 목적 중에 찾아보거나 일을 추진하며 막히는 부분을 연관해서 생각해 보는 것이다. 보고 받는 사람이 의사결정을 잘할 수 있도록 목차와 내용을 구성하고 담당자가 문제해결을 하는 과정을 보고서에 적절히 담으면 결과물이 달라진다.

보고서 작성과 보고 과정이 복잡하고 답답하다고 느끼는 직장인이 무수히 많다. 물론 조직문화 차원에서 더 효율적인 방법으로 개선되길 희망하지만 시간이 걸린다면 불평만 하기 전에 현 수준에서 더 나은 방법을 찾아야 한다. 고민이 생산성을 높일 것이고 결국 자신을 위한 투자가 될 것이다. 두 번할 일을 한 번 하는 방법이 될 것이다. 현재 작성하고 있는 보고서의 유형을 분류하고 보고서를 작성하는 과정과 방법을 정리해보자. 보고서 작성의 중요한 세 가지 목적을 중심으로 다시 바라보자. 현명한 직장인이 가져야 할 관점을 찾는 길이다.

나에게 다시 던지는 셀프코칭(self-coaching) 질문

- 내가 주로 작성하는 보고서의 종류는?

- 보고서 작성에서 내가 어려워하는 부분은?

- 보고서를 잘 쓰기 위해 필요한 것은 무엇인가?

직장인 보고서 작성의

핵심 기술

회사에서 보고서를 쓰는 이유 세 가지인 의사결정, 문제해결, 소통을 목적지에 두고 보고서를 작성하면 결과물이 좋아진다. 보고서 작성 중 막히는 부분이 있다면 세 가지 중 부족한 부분을 찾아 집중하면 진행이 수월해진다. 그렇다면 구체적으로 보고서를 잘 작성하기 위해서는 어떻게 해야 할까. 직장인 보고서 작성의 핵심 기술을 살펴보자.

첫 번째 핵심 기술은 '제목부터 기획하라'다. 직장인은 보통 조직에서 주로 사용하는 익숙한 제목으로 적당히 제목을 설정하고 보고서 작성을 시작한다. 물론 기본적으로 원활한 소통을 위해 조직에서 자주 사용하는 제목은 활용해야 한다. 하지만 그중 가장 적절한 제목으로 기획할 필요가 있다. 보고서 제목은 보고받는 사람이 보고자를 인식하는 첫인상이기 때문이다. 또 누적해서 영향을 미치는 매우 중요한 요소다. 따라서 가능한 한 여러 후보 제목 중에서 고르는 연습을 하고, 다른 조직 구성원이 작성한 보고서에서 괜찮은 제목 형태를 수집하면 활용하는 데 도움이 된다. 보고서 제목은 자신의 PC에 저장하는 자료의 제목과는 분명히 달라야 한다. 일의 시작 단계에서 가장 중요한 키워드를 포함하고 문장보다는 구(Phrase) 형태로 너무 길지 않게 작성하는 것이 좋다.

두 번째 핵심 기술은 '꼭 필요한 목차를 구성하라'다. 목차는 논리적 구성을 위한 구조(Structure)로써 중요하다. 보고서 작성 목적에 맞게 몇 가지 목차를 어떤 항목으로 구성할지 신중하게 생각해야 한다. 꼭 필요한 목차를 선별해 포함하고 필요성이 떨어지는 항목은 보고 시기나 첨부 방법을 고민해야 한다. 목차를 선정하면 다음 문제는 목차에 맞는 내용을 작성하는 것인데, 이 부분이 또 쉽지 않다. 예를 들어 목적은 가장 작성하기 어려운 목차 항목 중 하나다. 지시를 받아서 작성하는 것인데 무엇을 쓸지 모르겠다는 어려움을 자주 호소한다. 여기에서 중요한 기술은 목차 항목을 질문으로 바꾸는 것이다. 목적은 '이것을 하면 우리 회사, 부서, 팀, 사업, 제품, 서비스, 프로그램에 무엇이 좋은가'라는 질문으로 바꿀 수 있다. 자신에게 질문을 던지고 생각하는 시간을 확보하면 목적 항목만으로 작성할 때와는 다른 결과가 생성된다. 목차 항목 내용을 작성하기 어려울 때 목차를 질문으로 바꿔보자. 혹은 포털 사이트나 구글의 이미지 검색에서 '보고서 목차'로 검색하면 다양한 보고서의 목차를 학습할 수 있다.

보고서 작성의 세 번째 핵심 기술은 보고받는 사람에게서 가장 많이 요구받는 '요약하고 압축하는 기술'이다. 이 기술에서 가장 중요한 점은 더 요약하고 압축하는 방법이 없는지 반복해서 찾는 것이다. 우리가 사용하는 글쓰기 습관에는 생각보다 불필요한 부분이 많다. 간결하고 명쾌한 느낌이 들지 않는 이유는 문장이 길고 중복되거나 모호한 표현이 많아서다. 이를테면 '이 건에 관한 변경 내용에 대한 것을 관계부서에 전달 요청'이라는 내용을 '관련 변경 내용을 관계부서에 전달 요청'이라고 바꿀 수 있다. '~에 관한' '~에 대한' '~것' 남용이 대표적 예다. 수동형·피동형 표현 사용이 과도한 문장도 많다. 보고 과정에서 글이 길어지면 전달력이 떨어지고 상대방을 지루하게 만들기도 한다. 따라서 자신이 작성하는 내용에 대해 지속적 관심을 갖고 요약·압축하는 연습을 반복해야 한다.

보고서 작성에 활용하는 기술이나 사례를 수집하고 정리하면 새로운 보고서 작성에 도움이 된다. 보고서 작성에 어려움을 느끼고 기존 보고서를 복사하고 붙이는 반복 과정에서 정리한 내용을 다시 살펴보기만 해도 참고할 만한 내용으로 연결할 가능성이 생긴다. 연결 매개체가 있어야 연결 확률을 높일 수 있다.

보고서 작성에 필요한 역량

서식/양식/기준	상황분석능력	정보수집능력
글쓰기 능력	요약/압축/핵심	논리력
문제해결능력	기획력	보고력
눈치력	창의력	체력

직장인 보고서 작성의 대표적 세 가지 핵심 기술을 살펴봤다. 이 밖에도 다양한 기술이 필요한데 보고서 작성을 잘하기 위해서는 역량 중심으로 역량에 필요한 기술 개발 계획과 집중하는 전략을 수립해야 한다. 보고서 작성에 필요한 역량에는 상황 분석 능력, 정보 수집 능력, 글쓰기 능력, 요약·압축 능력, 논리력, 문제해결 능력, 기획력, 창의력, 눈치력, 보고력, 체력 등이 있는데, 자신에게 부족한 역량을 선별하고 해당 역량을 향상하기 위한 핵심 기술을 향상하는 계획을 세우는 것이 좋은 전략이다.

나에게 다시 던지는 셀프코칭(self-coaching) 질문

- 보고서 작성의 첫 번째 핵심 기술은?

- 보고서 작성의 두 번째 핵심 기술은?

- 보고서 작성의 세 번째 핵심 기술은?

가장 어려운 기획보고서,

기획력은 어디에서 오는가?

직장생활에서 시간의 흐름을 따라 작성하는 보고서의 종류도 달라진다. 처음에는 쉽게 작성할 수 있는 현황보고서로 시작한다. 회의록이나 중간보고서, 결과보고서와 같은 형태로 양식에 맞추면 어렵지 않게 작성할 수 있다. 선배가 작성했던 사례를 보며 참고하면 스피드와 나름의 노하우가 더해진다. 현황보고서는 기본이다. 어느 직장인에게나 요구되는 정리와 공유의 개념이다. 물론 여기에도 간략하게 정리하고 명료하게 핵심을 전달하는 것이 다시 기본이다. 현황보고서 다음의 흐름은 개선보고서다. 조직의 다양한 상황에서 발생하는 문제와 이슈를 직접 해결하며 과정을 정리하고 과정과 결과를 보고해야 한다. 다음 단계는 가장 어려운 기획보고서다. 무(無)에서 유(有)를 창조하는 과정이다. 기획보고서에 필요한 기획력은 어디에서 올까.

첫 직장에서 기획력 향상을 위한 교육을 받을 때였다. 강사는 많은 기업에서 보고서 작성과 보고에 필요한 역량 향상 교육을 하고 있다고 말했다. 눈에 띄는 이력은 그가 기업 간 경쟁 PT에 참여하는 전문 프레젠터(Presenter)라는 점이었고 승률이 무려 95% 이상이라는 것이었다. 경쟁 프레젠테이션에서 승리하려면 다른 무엇보다 기획력이 뒷받침되어야 한다. 전문 프레젠터인 그는 어떻게 기획을 할까. 대답은 단순했다. "저는 새로운 기획을 할 때 종일 기존의 기획 사례를 봅니다." 나는 첫 번째, 두 번째 직장에서 수행했던 기획 업무를 떠올리고 현재 교육업에 종사하며 매일같이 기획하는 상황을 생각할 때, 그의 말에 적극 동의한다.

30년 가까이 금융업에서 금융상품을 기획하고 개발하는 업무를 했던 지인이 퇴직 무렵에 이런 말을 했다. "한때는 기획이 너무 어려웠는데 어느 순간부터는 좋아졌어요. 그 순간을 포함해 뒤돌아보면 결국 더하고 빼고 곱하고 나누고 비틀고 바꾸는 과정이었죠. 대상은 기존의 것들이었습니다." 기획은 새로운 것을 만들어야 한다는 부담감 때문에 어렵다. 그런데 새로운 것은 갑자기 나오지 않는다. 무엇으로부터 나오는데 그 무엇에 대한 시작이자 자극은 기존의 사례다.

새로운 기획을 위한 위대한 탄생에 기존의 사례를 적극 활용하는 방법을 추천한다. 더불어 구체적으로 기획력을 향상하는 잔기술을 소개한다. 우선 우리의 뇌에 부담을 줄여줘야 한다. 기획 주제와 관련된 키워드 중심으로 새로운 키워드와 정보를 수집한다. 실제로 부담을 줄이기 위해 A4 용지 한 장을 기준으로 '한 장만 채워 본다'와 같이 생각한다. 다음에 이를 카테고리(Category) 별로 나누어 정리한다.

한편 새로운 것을 떠올리기 위해 창의력을 탓하기 시작하면 새로운 생각은 떠올리기 더욱 어렵다. 이때 창의보다는 논리를 우선으로 생각해보자. 논리를 생각하는 과정에서 창의가 나타날 확률이 훨씬 높다.

중간에 막히는 경우에는 분할공략을 추천한다. 주제에 대한 정의나 주요 목차를 분할해서 바라보는 방법이다. 분할한 부분을 재배열해보는 과정 역시 새로운 생각을 이끌어내는 데 도움이 된다.

그럼에도 불구하고 답답한 경우에는 잠시 덮어두고 생각을 숙성하고 사고할 시간을 확보해야 한다. 불현듯 생각이 연결되는 순간이 찾아올 것이다. 이 과정에서 누군가와 대화해보는 방법도 좋다. 관련된 사람이든 그렇지 않은 사람이든 상관없다. 타인의 생각을 통해 훌륭한 자극을 받을 수 있다.

또다시 막힌다면 초안을 다시 생각해본다. 초안을 다시 떠올려보거나 초안으로부터 멀리 떨어져 보기도 한다. 때로는 지나치게 초안에 집착하지 않을 때 새로운 생각이 떠오르기도 한다. 이 단계에서 다시 필요한 질문을 생각하고 자신에게 또는 관련된 사람들에게 질문을 던져본다.

나에게 다시 던지는 셀프코칭(self-coaching) 질문

- 내가 생각하는 기획이란?

- 기획보고서를 쓰기 위해 시작해 볼 습관은?

- 기획력 향상을 위해 앞으로 수집할 것들은?

직장인에게 매일 요구되는

문제해결 능력, 해답은?

직장인에게 매일 반복적으로 요구되는 역량은 문제해결 능력이다. '일을 한다'는 것은 '문제를 해결한다'와 마찬가지 의미다. 문제, 이슈, 상황이 발생하면 해결하라는 오더가 자신에게 온다. 여기저기에서 동시에 발생하면 업무가 몰리고 순차적으로 발생하면 나름대로 괜찮다. 해결 방법이 정해진 문제는 수월하다. 그러나 복잡한 상황이 개입되는 문제는 만만치 않다. 조사하고 확인해야 할 부분이 많고 고민을 많이 해야 가까스로 대책을 마련할 수 있는 경우도 있다. 문제를 잘 해결하려면 어떻게 해야 할까.

직장에서 문제를 잘 해결하는 사람은 그저 창의성이 높은 사람일까. 그렇지 않다. 문제해결 능력이 뛰어난 사람은 프로세스를 갖고 있다. 창의성이 도움이 되지만 조직에서 결국 문제를 해결하는 사람은 프로세스를 갖추고 원인이 있는 단계에 관심을 갖고 집요하게 분석한다. 신입사원 시절 배운 간단한 업무처리 프로세스를 고도화해 자신만의 체계적인 문제해결 프로세스를 구축한 사람이 문제를 잘 해결한다. 경험과 경력이 늘어난다는 것은 창의성이 높아진다는 의미가 아니라 점차 체계적으로 일을 한다는 뜻이다.

조직에서 발생하는 문제의 형태는 크게 세 가지다. 목표와 차이가 나는 발생형 문제, 더 나아지도록 개선하기 위한 탐색형 문제, 미래를 대비하기 위한 설정형 문제가 대표적인 구분이다. 지금 조직에서 직접 또는 간접적으로 바라보는 문제들을 떠올리면 크게 세 분류 안에 들어갈 것이다. 이처럼 문제의 형태를 이해하는 것이 문제해결 프로세스의 첫 단계다.

발생형 문제 중에서 문제의 세부 형태만 파악해도 해결할 수 있는 경우가 있다. 예를 들어 일반적인 문제면 업무처리 기준이나 표준 등 원칙에 따라 해결하면 된다. 예외적인 문제일 때는 발생 상황에 따라 처리하고, 반복해서 발생하는 문제에 대해서는 치명적 영향을 파악해 보고하고 다음 단계로 넘어가야 한다. 문제를 이해하지 못하면 다음 단계로 가지 못한다. 또한 문제를 명확하게 인식해야 적합한 해결 대책을 도출할 수 있다. 따라서 문제의 형태를 이해하는 것이 문제해결 프로세스에서 가장 중요한 첫 단계다.

다음 단계에서는 이해한 문제로부터 핵심 원인을 찾아야 한다. 문제가 발생했다면 어떤 연결된 변화가 있다는 것이다. 변화의 요인 중에 발생한 문제와 직접적으로 인과관계나 상관관계가 있는 것을 찾아야 한다. 핵심 원인을 찾지 못하면 문제를 해결할 수 없다. 조직에서 추출 가능한 데이터를 확보하고 시간 흐름에 따라 어떤 변화가 문제를 발생시켰는지 상세하게 분석한다. 중복되는 요인이 있을 때는 나눠서 테스트를 통해 검증한다.

원인을 찾았다면 다음 단계로 대책을 수립해야 한다. 대책은 일차적으로 원인을 해소하는 것을 말한다. 이를 근본대책이라고 한다. 만약 핵심 원인 파악에 어려움을 겪는 상황에서 조속한 대책을 적용해야 하는 경우에는 잠정대책을 통해 임시로 조치한다. 이 단계에서는 근본대책을 효과적으로 만드는 것에 집중해야 한다.

마지막은 대책을 확인하는 향후 계획 단계다. 조치한 대책 역시 가설이다. 따라서 실제로 문제를 해결하는 유효한 대책 인지 모니터링을 실시하고 추가적으로 발생하는 다른 문제점 은 없는지 점검해야 한다. 문제의 해결을 위해서 중요하지만 이 단계가 중요한 또 하나 이유는 재발을 방지하기 위해서다.

직장인에게 매일 요구되는 문제해결 능력을 향상시키기 위해서는 프로세스를 갖춰야 한다. 프로세스 존재 여부가 가 져오는 차이는 크다. 문제가 끊임없이 발생하기 때문에 프로 세스가 있다면 더 빠르고 적절하게 문제를 해결할 수 있다. 자 신의 문제해결 프로세스를 정리하고 체계화하자. 효과적인 프로세스가 될수록 문제를 마주하는 자세가 적극적으로 바 뀌고 난관을 극복하는 힘이 생길 것이다. 나아가 누적된 성공 경험으로 발전시켜 자신감이라는 선물로 돌아올 것이다.

나에게 다시 던지는 셀프코칭(self-coaching) 질문

- 내가 주로 마주하는 문제의 형태는 무엇인가?

- 나의 문제해결 프로세스는?

- 나의 문제해결 프로세스를 보완하기 위한 추가/제거는?

창의적인 대안을 요구받는 직장인,

창의력을 키우려면?

"창의적인 전략은 없나요?"

"더 창의적인 대안을 제시하세요."

가장 어려운 상황이다. 나름대로 고민해서 전략을 수립하고 대안을 찾았는데 돌아오는 말은 '다시'다. 경험이 많은 상사라면 이미 시도해봤던 내용을 보고 이처럼 피드백한다. 혹은 요구 수준이 높은 상사일 경우 더 나은 생각을 요청한다. 또 이러한 과정이 있어야 한 단계 높은 대안이 나온다고 믿는 상사도 있다. 물론 이 과정 역시 창의력을 키우는 훈련이 되지만 늘 고민된다.

직장에서 논리력은 기본이다. 회사의 공통 언어인 보고서를 작성할 때 논리가 기본이 되어야 소통할 수 있다. 그러나 점점 복잡해지는 일은 논리력뿐만 아니라 창의력까지 요구한다. A라는 일을 요청받았을 때 A에 맞는 과정과 결과를 가져가는 것이 논리라면 A에 알파(α)를 더해서 가져가는 것이 기본적인 창의다. 대표적인 예로 경우의 수가 있다. 추가적인 대안 및 대책, 또 다른 전략, 예상되는 리스크, 다양한 향후 계획과 시나리오 등의 예가 있다. 연차가 높아질수록 더 잘해야 하는 영역이다. 어떻게 하면 창의력을 키울 수 있을까.

직장생활의 시간이 지금도 흐른다. 누적의 시간이 흘렀고 다시 시간을 누적하고 있다. 처음부터 창의력이 부족하다고 틀을 정하지 말고 직장생활의 시간에 창의력을 키우는 방법을 찾아야 한다. 사실 쌓아온 경험을 보더라도 창의력은 이미 몇 단계 올라왔다. 조금 더 창의력을 키우는 구체적인 방법 다섯 가지를 살펴보고 직장생활에 활용해보자.

가장 중요한 첫 번째는 호기심(Curiosity)이다. 호기심은 인간의 공통된 특성 중 하나인데 경험으로 인해 섣불리 판단할 경우 크기가 작아진다. 호기심을 다른 말로 하면 관심을 가지려는 노력이다. '우리는 창의적인 뇌를 갖고 태어났기 때문에 우리는 모두 창의적인 사람이다'라고 말하는 하버드대 심리학과 셸리 카슨 교수는 저서 '우리는 어떻게 창의적이 되는가'에서 가장 먼저 '흡수'를 말했다. 창조의 과정의 첫 단계가 흡수라는 것이다. 흡수하기 위해서는 호기심이 필요하고 호기심에는 관심을 가지려는 노력이 요구된다. 조직의 다양한 사업, 전략, 대안, 대책, 아이디어, 사례 등에 관심을 가져보자.

두 번째 방법은 탐험(Exploration)이다. 조직에서의 탐험은 내부와 외부로 나뉜다. 방향은 다르지만 방법은 같다. 방법은 케이스 스터디(Case study)다. 조직 내에는 이미 수많은 사례가 있다. 외부 또한 무한하다. 내·외부의 다양한 사례를 탐험해보자. 작은 것이라도 찾았다면 연결을 시도해야 한다. 가시적으로 연결해야 효과적인데 직접 그려보거나 연결의 대상을 바라보며 연결하는 과정에서 창의적인 생각을 확장할 수 있다.

셋째, 대화(Talk)가 필요하다. 고민하는 부분에 대해 다른 사람들과 대화하는 과정에서 창의적인 생각을 할 수 있다. 분야가 다르다고 말해봤자 소용없다고 생각하면 모든 가능성과 잠재력이 없어진다. 고민하는 이슈를 나누며 창의에 도움이 되는 자극을 받고 대화를 통해 가까워질 수도 있다.

네 번째 방법은 놀이(Play)다. 인간은 놀이를 통해 생동감과 활기를 찾는다. 지나치게 집중하면 창의적인 생각이 안 될 때가 있다. 이를 위해 일부 기업에서는 놀 수 있는 공간과 환경을 만들기도 하는데 만약 자신의 회사가 그렇지 않다면 잠시라도 휴식을 주거나 간단하게라도 놀 수 있는 시간을 계획하고 확보하자.

마지막 방법은 작은 것이라도 시도하는 실행력(Just Do it)이다. 작은 아이디어가 떠올랐다가 경험의 작용으로 사라지는 경우가 있다. 인간은 갑자기 큰 실행을 하기 어려워한다. 그러나 작은 움직임을 통해 실행의 크기를 키워 갈 수 있다. 따라서 작은 움직임을 설계하고 행동한다면 실행력을 키울 수 있다. 실행하는 과정에서 역시 창의적인 생각이 샘솟는다.

위에서 소개한 다섯 가지 방법은 연습이다. 창의적인 전략과 대안이 필요할 때 하나를 선택해서 시도해보자. 창의력을 키우는 연습과 훈련이 되고 실제 창의적인 생각을 도출할 수 있다.

나에게 다시 던지는 셀프코칭(self-coaching) 질문

▪ 내가 생각하는 창의란? 재정의 한다면?

▪ 창의적인 대안에 방해가 되는 것은 무엇인가?

▪ 창의력 향상을 위해 습관으로 시도할 것은?

회사와 직장인에게 필요한

워크 스마트

    법정 근로 시간이 단축됐다. 기관과 기업에서는 법을 준수해야 하므로 기존보다 다각적으로 모색하는 것이 생산성 향상이다. 회사는 꾸준히 생산성 향상을 위한 활동을 이어왔지만 어느 때보다 절실하게 필요한 시대가 됐다. 회사의 입장이다.

    우리나라의 법정 근로 시간이 시작된 1953년 이후 지속해서 법정 근로 시간이 줄어들었다. 바람직한 방향이다. 근대화와 현대화 과정에서 불합리한 요구에 맞서 노동운동까지 해가며 얻어낸 값진 결과도 포함돼 있다. 21세기로 가며 규모가 크고 다양한 변화가 이어졌다. 세상의 변화와 함께 인간의 삶에도 거대한 변화가 생겼다. 변화 규모가 커지고 변화 속도는 급격해졌다. 우리가 사는 지금은 여전히 변곡점에 존재한다. 어느새 근로 시간의 개념은 삶의 질과 연결되었다. 우리나라 1인당 국민소득이 2만달러를 넘어선 2006년 이후부터는 삶의 중요성에 대한 인식 수준이 높아졌고, 3만달러를 넘어선 최근에는 계속해서 '워라밸(Work and Life Balance)'이 트렌드 키워드에서 빠지지 않고 있다. 근로자의 입장이다.

    회사와 직장인 모두를 위해 워크 스마트(Work Smart)가 요구된다. 회사는 더 높은 수준의 생산성 향상을 원하고 조직 구성원은 삶의 질 향상이 필요하기 때문이다. 회사는 과거에도 생산성 향상을 목적으로 하는 업무 환경의 개선, 일하는 방식의 혁신 등 다양한 시도를 했다. 우리나라의 노동생산성은 꽤 오랫동안 낮은 수준을 극복하지 못했다는 점이 이를 말해준다. 경제협력개발기구(OECD) 회원국 36개국 가운데 27위에 그치고 있으며 2010년 이후 빠르게 악화되었다. 근로 시간 개념으로 보면 OECD 국가별 비교에서 한 차례도 빠지지 않고 매년 상위 3위권에 머무르고 있다(OECD Statics). 우리나라의 노동 시간은 매년 줄어드는 추세지만 주 52시간 근로 제도의 시행뿐만 아니라 시간의 흐름을 포함한 변화의 상황을 종합해볼 때 생산성 향상을 위한 실효성 있는 대책이 시급하다.

정부, 기관 및 기업은 워크 스마트에 필요한 환경을 만들고 스마트하게 일하는 방식을 고민하지만 직장인 관점에서 봤을 때 공감의 속도 차가 존재한다. 대표적으로 직장인들은 조직문화나 일하는 방식이 혁신적으로 바뀌지 않으면 워크 스마트가 쉽지 않다고 말한다. 그러나 손을 놓고 지켜볼 수만은 없는 상황이 되었다. 제도가 시행되었기 때문에 직장인 또한 워크 스마트를 고민해야 한다. 그래야 시간 내에 업무를 처리하고 회사가 원하는 성과를 높일 수 있다. 따라서 직장인 각자가 자신의 일하는 방식을 점검하고 워크 스마트를 고민해야할 시점이다.

이러한 변화에 따라 워크 스마트에 대한 기관 및 기업 교육의 수요 역시 증가했는데 교육 현장에서 관찰하면 이미 스마트한 직원들이 대부분이다. 지금 각자 자리에서 바라봐도 그럴 것이다. 사실 예전에도 업무 시간 내에 일을 처리할 수 있는데 어차피 야근할 거라며 느긋하게 한 일들이 얼마나 많은지 따져보면 안다. 회사에서 워크 스마트에 필요한 개선을 해나가고 필요한 지원을 하겠지만 직장인 각자도 업무 생산성을 점검하고 워크 스마트를 고민해야 한다.

간단한 방법으로 먼저 자신의 업무 영역을 다시 한번 정리한 후 일을 어떻게 진행하고 처리하는지 점검하면 워크 스마트를 위한 준비가 된다. 다음으로 각 영역에서 낭비 요소나 효율성을 떨어뜨리는 부분을 찾아내서 다른 방법을 모색한다. 반복적으로 이슈가 만들어지거나 문제를 유발하는 업무가 있다면 위와 같은 방법으로 업무의 시작에서 마무리까지를 살펴봐야 한다. 진행과 처리 과정을 펼쳐놓고 보면 내가 고쳐야 하거나 누군가에게 요청할 사항이 보인다. 때로는 회사에 개선 요청을 지원해야 할 부분도 있다. 머릿속에 있는 대로, 하던 대로 하면 된다고 생각하지만 실제로 확인해보면 더 스마트하게 처리할 수 있는 과정이 발견된다.

스마트한 인재는 이렇게 스마트하게 일해야 할 업무 영역과 요소를 먼저 찾는다. 워크 스마트가 안된다고 환경만 탓할 것이 아니라, 직접 발굴해야 워크 스마트고 그래야 회사와 직장인 모두에게 필요한 일과 삶의 균형이 맞춰진다.

나에게 다시 던지는 셀프코칭(self-coaching) 질문

- 워크 스마트의 핵심은 무엇인가?

- 나의 일 관리 방식은 무엇이고 어떻게 하는가?

- 나의 업무 영역은 총 몇 개인가?

직장인을 위한 간단한 3단계

시간 관리법

직장인에게 시간 관리란 무엇일까. 과거에는 비즈니스 매너를 지키고 직장에서 업무를 완수하거나 생산성을 높이기 위한 개념으로 인식되었다. 회사가 교육한 방향이었다. 물론 회사와 조직의 목적으로 볼 때 지금 역시 비슷한 맥락이지만 시대의 흐름과 함께 변화된 부분이 있다. 가장 큰 변화는 워라밸(Work and Balance)의 중요성으로 직장 내에서의 시간 관리뿐만 아니라 삶의 시간이라는 영역에 대한 집중도가 커진 점이다. 일하는 시간 외의 시간을 어떻게 보낼지가 삶에 큰 영향을 미친다는 사실에 집중할 수 있는 눈이 생겼다.

인생이라는 큰 그림으로 볼 때 직장인의 시간은 잠자는 시간, 회사를 위해 보내는 시간, 여가 시간으로 나눌 수 있다. 세 가지 영역에서 시간은 모두 중요하다. 따라서 직장인을 위한 시간 관리법이라고 회사를 위해 보내는 시간만 효율적으로 관리해야만 하는 것이 아니라 삶 전체를 보고 각 영역을 나누어 봐야 한다. 시간 관리에서 가장 중요한 첫 단계는 이렇게 시간의 영역을 구분해서 바라보는 것이다.

두 번째 단계로 각 영역의 목적을 점검해야 한다. 잠자는 시간은 생활 패턴에 따라 개인차가 있으므로 서로 다르지만, 시간을 계획할 때 가장 중요하게 생각하는 목적을 먼저 설정해야 한다. 다양한 목적이 있지만 삶 전체를 보고 인간 공통의 바람을 생각할 때 잠자는 시간 영역에서는 건강이 목적에서 소외되지 않아야 한다. 건강을 위해 필요한 시간을 확보해야 한다. 아침 일찍 일어나야 한다면 일찍 취침하고 상황이 여의치 않으면 최소한 일주일이라는 상위 단위로 바라보고 조절해야 한다. 예를 들어 일정에 맞는 요일별 설정으로 자신의 몸 상태에 맞게 조절하는 것이다. 주말에 지나치게 몰아서 잠을 자거나 매일 규칙적으로 늦게 자고 적은 시간 취침하는 것은 건강이라는 목적에 대단히 효과적이진 않다. 회사를 위해 보내는 시간과 여가 시간 역시 각각의 중요한 목적을 생각해보자.

　세 번째 단계는 각 영역을 다시 하위 영역으로 나누는 것이다. 잠자는 시간의 하위 영역은 많이 나뉘지 않지만 평일 취침, 주말 늦잠, 주말 낮잠, 주말 취침 등으로 나눌 수 있다. 회사를 위해 보내는 시간은 출퇴근 시간, 업무 시간, 회식 및 행사 시간으로 나눌 수 있고 업무 시간은 다시 업무 패턴에 맞게 구분할 수 있다. 여가 시간 역시 자신이 원하는 활동의 영역으로 나눌 수 있다. 이렇게 하위 영역을 나누는 것이 현재 시간을 어떻게 보내고 있는지 점검하는 과정이다. 이를 통해 이미 시간 관리를 위한 절반 이상의 활동을 하는 것이다. 구체적으로 시간을 어떻게 관리할지는 영역 구분 후 다음 사고(思考)의 단계로 자연스럽게 이어진다. 예를 들어 각 영역에서 하고 싶은 일을 배치하고 목표를 설정하거나 어떻게 그 일을 하면 좋을지 생각하게 된다. 자신의 라이프스타일과 상황에 맞게 효율적인 방법으로 조절하게 된다.

일 영역의 기본 테이블 예시

OO 프로젝트 1. 목표 : 빨간색 표기 2. 지금 하고 있는 일 : 검정색 표기 3. 앞으로 더 해야할 일 : 파란색 표기	OO 사업 관리		OO 정기 보고서 작성 및 보고	
		분기별 OO 실적 정리		OO사업 현장 지원

또한 나눈 영역의 구분을 '시간 관리 기본 테이블(Table)'로 활용하면 정기적인 점검을 쉽게 할 수 있다. 기본 테이블이 없다면 방향이나 목적, 목표를 소모적으로 반복 설정하고 다시 시간의 흐름을 원망하는 악순환으로 연결된다.

시간 관리법에서 결국 한정된 시간에 무엇이 자신에게 중요한지 알고 실행력을 높이는 것이 핵심이기 때문에 이렇게 영역을 나누고 목적 또는 목표를 설정하는 것이 단순하면서도 가장 좋은 방법이다. 복잡한 방법보다는 간단한 방법이 실행력과 지속 가능성을 높인다. 그런데도 여전히 다양한 변수가 존재한다. 가장 큰 적은 작심삼일과 귀차니즘이다. 여기에 필요한 행동은 자신이 구분한 영역, 즉 기본 테이블을 꾸준하게 점검하고 각 영역에서 기록을 멈추지 않아야 한다는 점이다. 단순한 반복만으로 충분히 좋은 효과를 얻을 수 있다.

또 도움이 되는 방법은 각 영역에서 철칙(Iron Rule)을 정하는 것이다. '이것만큼은 반드시 한다' '이것만큼은 절대 하지 않는다' 혹은 '10분 이내에 할 수 있으면 지금 한다'와 같은 자신과의 약속을 몇 가지 정하면 좋다. 이 방법은 실행력이나 생산성을 높이는 데 도움이 되기도 하지만 여가 관리에도 활용 가능하다. 이를테면 힐링이라는 하위 영역에서 '한 달에 한 번은 반드시 자연에 간다'를 철칙으로 설정하거나 운동 영역에서 '일주일에 하루는 꼭 운동한다'를 설정하고 자신과의 약속을 지키는 것이다.

직장인의 시간 관리법은 대단하거나 거창하지 않다. 현재 자기 삶의 영역을 나눠보는 것이 위대한 시작이다. A4 용지를 책상 위에 올리고 소중한 인생의 시간을 중요하게 생각하는 영역으로 구분해보자.

나에게 다시 던지는 셀프코칭(self-coaching) 질문

- 나의 시간의 영역은 총 몇 개인가?

- 각 영역에서의 목적과 목표가 분명한가?

- 시간 관리에 필요한 나만의 철칙은 무엇인가?

신뢰 만으론 부족,

직장인에게 필요한 설득의 기술

"늘 저런 식이야."

"말이 안 통해."

상사 설득에 몇 번이나 실패했을 때 한숨과 함께 입에서 터져나오는 익숙한 소리다. 나름대로 열심히 준비했는데 부족하다는 핀잔을 듣고 설득에 실패한다. 처음에는 실패할 수 있다. 그러나 실패가 몇 번 반복되면 설득의 과정보다는 상사 탓을 하게 된다. 여러 번 마주했을 법한 이 상황에는 무엇이 좋은 해결책일까.

과거에는 상사의 스타일을 세심하게 파악하고 취향을 만족시키면서 설득하는 방법을 많이 사용했다. 하지만 이 방법은 성공 확률이 높지 않다. 시간이 오래 걸리고 상황에 따라 달라질 수도 있다. 대상자가 바뀌면 다시 시간이라는 중요한 자원이 요구된다. 자신이 소모해야 하는 에너지도 더 많고 스트레스를 동반하기도 한다. 때로는 다른 동료들의 시기를 감당해야 한다.

누군가를 설득하는 좋은 방법은 무엇일까. 여러 가지 방법을 시도하는 것보다 우선 설득의 과정 자체에 관심을 가져야 한다. 사실 직장생활에서 설득은 입사부터 계속 이어지는 중요한 과정이다. 직무에 적임자임을 설득해야 입사할 수 있고, 업무를 추진하기 위해서 내외부 이해관계자들을 설득해야 한다. 그런데 우리는 보통 설득할 때 매우 간단히 준비하고 설득의 과정에 참여한다. 운 좋게 설득에 성공했다면 시도했던 단순한 과정을 반복한다. 실패의 경우를 마주하면 따르지 않은 운을 원망하거나 다른 몇몇 요소들을 찾는데 그친다.

설득을 잘하기 위해서는 무엇이 필요할까. 상대와 충분한 신뢰를 형성하는 것이 기본이지만 신뢰만으로 설득하긴 어렵다. 신뢰는 소통을 잘하기 위한 기본적인 바탕이고 설득은 더 구체적인 무언가를 필요로 한다. 추진하는 업무만 떠올리더라도 설득을 위해 당장 필요한 것들은 데이터, 정보, 이력 등의 근거다. 이처럼 설득에는 다양한 요소들이 필요한데 상위 개념으로 설득하기 위해 필요한 것은 '논리(Logic)'다. 먼저 논리가 있어야 하고 하위 개념으로 논리를 뒷받침할 수 있는 요소들이 필요하다.

그렇다면 여러 가지 요소들만으로 논리가 만들어질까. 요소들만 있다고 논리가 만들어지지는 않는다. 논리를 위해서는 '구조(Structure)'가 필요하다. 구조가 있어야 큰 그림을 이해하고 연결고리를 통해 논리를 만들 수 있다. 집을 지을 때 구조를 보면 어느 정도는 결과물을 예상할 수 있는 것과 마찬가지다. 직장생활에서의 대표적인 구조의 예는 보고서의 목차다. 목차를 잘 만든 보고서는 구조가 튼튼한 집과 같다. 또 다른 예로 누군가를 설득하기 위한 말하기 구조로 첫째, 둘째, 셋째와 같은 표현이나 주장, 근거, 예시, 정리의 방법이 있다. 내가 만든 또는 만들 무언가를 누군가에게 설명하는 과정에서 구조를 통해 논리를 만들면 설득의 성공률을 높일 수 있다.

구조를 탄탄하게 만들기 위해서는 준비한 구조의 요소들이 과연 적절한지 검토해야 한다. 업무의 시작점을 떠올려보고 일의 맥락적 이해를 통해서 연결이 매끄러운지 확인한다. 스스로 느끼기에 매끄럽지 못하다면 상대 역시 마찬가지다. 또 구조에서 누락되거나 중복된 것이 없는지 파악해야 한다. 준비한 내용물과 결과물을 전달받는 사람이 자신보다 경력이나 경험이 많은 사람이라면 더욱 신경 써야 한다. 찾아보는 과정에서 상대를 만족시킬 만한 추가 요소가 나올 수도 있다.

설득 성공을 위한 마지막 단계에서 필요한 것은 어떻게 전달할지에 대한 준비다. 추진하는 업무를 어느 시점에 어떤 방법으로 전달할지, 중간에 공유는 어떻게 할지 생각해야 실제 전달에서 매끄럽다. 생각하는 과정에서 보완해야 할 부분을 떠올리거나 더 좋은 방법을 찾기도 한다.

설득의 기술은 직장생활에 매우 유용하다. 일하는 과정인 소통, 문제해결, 의사결정의 노력에 설득이 포함돼 있다. 설득의 기술을 갖추고 있다면 조금 더 수월하게 일할 수 있고 설득하기 위해 고민하는 것들은 좋은 태도로 인정받을 것이다.

나에게 다시 던지는 셀프코칭(self-coaching) 질문

- 설득을 하기 위해 필요한 것은 무엇인가?

- 내가 주로 사용하는 설득의 구조는?

- 설득의 내용을 전달할 때 강조해야 할 부분은?

소통 잘하려면

상대방 말 끝까지 들어라

　서로 다른 사람들이 원활하게 소통할 수 있도록 만들어야 회사는 생산성을 높일 수 있다. 이를 위해 회사는 직원에게 다양한 교육을 제공한다. 직장생활을 시작하고 직급이 올라가며 소통(疏通)과 관련된 내용을 여러 번 접하지만 직장인 각자에게는 여전히 어려운 문제다. 소통을 잘하면 회사는 생산성을 높일 수 있고, 직장인은 소모적인 일을 덜 할 수 있다. 또한 자신의 상사와의 소통에서, 다른 조직 구성원과의 소통에서 일을 줄이고 성과를 내는 데 도움이 된다. 소통을 잘하기 위해서는 무엇을 알아야 할까.

'어떻게 해야 할까'에서 뾰족한 수가 나오지 않을 때 좋은 방법은 '무엇을 알아야 할까'다. 소통을 잘하기 위해서 교육도 받고 실천도 해봤지만 효과가 없다면 다시 처음으로 돌아가야 한다. 전략이 없는 방법은 효과가 없듯이 알지 못한 상태에서 무엇을 한다면 좋은 결과가 나오기 어렵다. 따라서 소통을 잘하기 위해서 알아야 할 것들을 먼저 살펴볼 필요가 있다.

소통을 잘하기 위해서 알아야 할 첫 번째는 마음의 작동법이다. 인간의 마음이 어떻게 작동하는지 알아야 한다. 대표적으로 인간은 자신을 매우 소중하게 생각하고 자율성을 꿈꾼다. 표현은 자주 하지 않지만 스스로를 소중하게 생각하고, 회사 내에서 지켜야 할 것들이 있지만 그 안에서 자율성을 추구한다. 따라서 상대의 이야기를 먼저 들어주고, 하고 싶은 말을 해야 효과가 크다. 긴급한 상황이 아니라 맥락적 소통이 필요하다면 기다림이 필요하다. 판단하거나 비난하는 말을 하면 상대는 마음의 벽을 세우거나 도망간다. 소통을 하고 싶은데 바로 떠나버리면 아무것도 할 수 없기 때문에 이 점을 주의해야 한다. 판단이나 비난의 말이 아닌 객관적인 사실을 중심으로 대화해야 한다.

두 번째 알아야 할 것은 커뮤니케이션에서 중요한 요소들이다. 마음의 작동법을 기본으로 자신의 소통 방식을 돌아보고 커뮤니케이션에서 중요한 점들을 점검하며 정리해야 한다. 가장 중요한 두 가지는 경청과 질문이다. 경청의 중요성은 이미 알고 있지만 생각보다 우리는 자신의 말할 순서만 기다린다. 상대가 어떻게 말하는지 더 주의 깊게 듣는 연습을 해야한다. 머릿속으로 더 빨리 생각하고 개입하고 조언하고 해결해주고 싶은 욕구가 올라온다. 그러나 상대의 말을 끝까지 듣는 것이 무엇보다 중요하다. 상대는 소중한 자신의 말을 잘 들어주는 사람을 좋게 생각한다.

한편 상대의 의도를 확인하거나 공감을 표현하는 방법이 질문이다. 상사와의 소통에서는 일의 방향을 파악하고 일을 더 잘하기 위한 질문을 해야 한다. 상사가 원하는 것을 얻어내야 일의 결과가 좋다. 중간관리자나 리더에게 필요한 질문은 상대를 생각하게 만드는 질문이다. 이들은 조직 구성원을 통해 성과를 내야 하는 역할이기 때문에 자각하고 책임감을 갖도록 하는 질문, 스스로 방법을 찾아내고 움직이도록 만드는 질문을 고민해야 한다. 추천하는 방법은 질문에 '어떻게'를 넣는 것이다. 상대가 생각하게 만드는 시작점이 될 수 있다.

세 번째로 자신이 원하는 것을 명확하게 알아야 한다. 우리는 때때로 원하는 것을 제대로 표현하지 못할 때가 있는데 표현하지 않으면 상대는 모른다. 글이나 말의 맥락에서 요청사항을 파악하도록 할 것이 아니라 스스로가 원하는 요청사항을 명확하게 해야 한다. 소통이 잘 되지 않을 때 원하는 것을 분명하게 말했는지도 확인해야 한다. '이 정도면 알겠지'라는 생각에 '나는 얼마나 구체적으로 내가 원하는 것을 표현했나'를 추가해서 점검해야 한다.

소통의 과정에서 원활한 소통이 되지 않고 막힐 때 원인을 찾고 대안을 찾는다. 원인 분석 후 대안을 찾을 때 알아야 할 점들을 확인하는 것이 새로운 대책이 될 수 있다. 또한 소통을 잘하기 위해서 알아야 할 점들을 필요한 요소들로 점검해보고 더 알아야 할 점들을 찾아본다면 더 나은 소통의 방법을 찾을 것이다.

나에게 다시 던지는 셀프코칭(self-coaching) 질문

- 원활한 소통을 위해서 내가 주로 사용하는 방법은?

- 나는 경청을 하는가, 말할 순서를 기다리는가?

- 나는 충분히 구체적으로 내가 원하는 것을 말하는가?

직장생활의 품격을 높이는

글쓰기 능력

    회사는 글과 말로 채용한다. 자기소개서와 면접이 채용 프로세스에 있는 지원자의 글과 말이다. 조직에서는 글로 보고서를 작성하고, 말로 보고하기 때문에 무엇보다 중요한 능력이 바로 글과 말이다. 글과 말 모두 노출하고 싶지 않아도 노출되는 능력이기도 하다. 이 중 글쓰기는 말하기보다 많은 영역에서 노출된다. 회의록, 보고서 등의 문서 작성뿐만 아니라 사내 인트라넷에 글을 올리고, 외부에 메일을 발송하는 일 역시 글쓰기 능력이 요구된다. 메모도 비즈니스 글쓰기에 포함된다.

반복되는 업무에 포함되는 기본 역량으로써 글쓰기 능력이 중요하다. 신입사원 때 문서를 보내기 전에 틀린 글자는 없는지, 문법에 맞지 않는 표현은 없는지 여러 번 살핀다. 그러나 처리했던 업무를 다시 볼 때 다시 오탈자가 발견된다. 혹은 글의 구조나 맥락이 적절하지 않은 경우도 많다. 사실 매일 쓰는 말이 정해져 있고 글쓰기 능력 향상의 필요성을 느끼지 못하는 경우가 많다. 하지만 글쓰기 능력을 한번 점검하고 직장생활을 이어갈 때 직장생활의 품격이 높아진다. 중간관리자가 되고 리더의 위치로 가면 자신의 글쓰기 능력이 더 많은 사람들에게 노출된다. 따라서 글쓰기 능력이 중요하다. 직장에서의 글쓰기, 즉 비즈니스 글쓰기에서 중요한 점은 세 가지다.

첫째, 어휘력이다. 상대와 상황에 맞게 적절하게 사용 가능한 어휘를 많이 확보해야 한다. 다양한 어휘를 외우면 좋겠지만 그보다는 어휘를 수집하고 정리하는 방법을 추천한다. 자신이 속한 조직에서 반복적으로 사용하는 어휘는 기본 단어다. 여기에 선배의 보고서에 포함된 단어, 상사가 자주 발언하는 단어 등의 조직 어휘를 추가한다. 한편 고객과 소통을 해야 하는 위치라면 고객의 이해를 도울 수 있는 단어, 고객의 반응이 좋았던 단어를 수집한다. 다만 어려운 단어는 피해야 한다. 글은 철저하게 읽는 사람을 생각해야 한다. 어휘력에서는 이해도를 높이는 다양성을 추구하는 것이 좋다.

둘째, 문장력이다. 긴 문장보다는 단문으로 표현해야 전달력이 높아진다. 단문일 때 상대가 읽기 쉽기 때문이다. 문장이 길어지면 주어와 서술어가 호응되지 않거나 너무 많은 사실과 메시지가 담겨 전달력이 떨어진다. 표현에 있어서는 주어가 사물일 때를 제외하고 피동문을 피해야 한다. 과도한 피동 표현은 전달력이 부족하고 수동적 느낌을 준다. 담당자로서 능동적 표현의 정도를 높이기 위해서는 능동문을 써야 한다. 예를 들어 '이번 프로젝트가 확정 지어지게 되면 계획을 따르게 될 것입니다'를 '이번 프로젝트를 수주하면 계획에 따라 추진하겠습니다'로 표현할 수 있다. '것이다' 역시 많이 남용되지 않도록 주의해야 한다. '것이다'로 시작해서 '것이다'로 마치는 문장이 도처에 있다.

셋째, 글의 구조다. 보고서 역시 보고의 형태에 따라 목차를 달리하듯이 글 역시 목적과 상황에 따라 구조를 다르게 구성해야 한다. 글의 구조를 볼 수 있어야 맥락을 살필 수 있고, 전달하고자 하는 바를 명확하게 정리할 수 있다. 구조상 빠진 부분이 있거나 과하게 포함된 영역이 있다면 맥락에 맞지 않는 구성이다. 비즈니스 글쓰기에서는 문단의 앞에 목차나 소제목을 붙일 수 있기 때문에 구조적 정리와 글쓰기가 더 효과적이다. 글쓰기의 마지막에 반복해서 점검할 부분은 오탈자만이 아니라 구조의 확인이다. 구조 역시 조직에서 수집해 놓으면 필요할 때 유용하게 활용 가능하다. 여기에 접속사를 같이 수집하고 적절한 위치에 사용하면 금상첨화다. 읽는 사람은 접속사에 주의력이 높아지기 때문에 접속사 역시 글쓰기에서 중요하다.

참고할 만한 접속사

- 순접 : 게다가, 더욱이, 더구나, 아울러, 뿐만 아니라, 동시에, 그런 점에서, 어쩌면, 하물며, 이처럼, 이같이, 바로
- 역접 : 하지만, 그렇지만, 그럼에도, 반면에, 도리어, 오히려, 반대로
- 인과 : 따라서, 그러니까, 그리하여, 그렇기 때문에, 그러면, 그러니, 급기야, 마침내, 왜냐하면
- 전환 : 다른 한편, 그렇기는 해도, 다만, 바꿔 말하면
- 보완 : 즉, 곧, 말하자면, 예를 들면, 일례로, 사실상, 예컨대, 덧붙여, 구체적으로, 왜냐하면, 이를테면, 다시 말하면
- 종결 : 끝으로, 결국, 결론적으로, 마지막으로, 요컨대, 결과적으로, 분명한 것은, 종합하면

비즈니스 글쓰기는 실용 글쓰기다. 예술 글쓰기가 아니다. 따라서 관심을 두고 연습하면 실력이 향상된다. 직급이 올라갈수록 더 많은 사람과 이해관계를 맺을수록 중요해지면서 동시에 큰 영향력을 발휘하는 능력이 바로 글쓰기다. 지금부터 관심을 높이고 자신의 글쓰기 능력 향상을 위한 행동을 실행하자. 현재와 미래의 직장생활 품격을 높일 것이다.

나에게 다시 던지는 셀프코칭(self-coaching) 질문

- 나의 글쓰기 능력 향상을 위해 필요한 것은?
- 어휘력과 문장력을 키우기 위해 해야 할 일은?
- 나의 업무에 유리한 글의 구조는 무엇인가?

팀원에서 리더가 됐을 때 필요한

최우선 역량

직장에서 연차가 쌓이고 승진을 거듭한다는 것은 어떤 방향으로 간다는 뜻일까. 시간의 관점에서 보면 퇴직의 방향이고, 조직의 관점으로 보면 경영층을 향한다는 의미다. 시간의 관점으로 바라보면 불안감이 올라온다. 누구에게나 올 수 있는 자연스러운 감정이다. 그러나 불안감이 커진다면 감정을 조절하고 관리할 필요가 있다. 불안감을 줄이는 방법은 관점을 바꾸는 것이다. 조직 차원에서 자신이 가는 방향을 점검해야 한다. 그래야 기회를 활용할 수 있다.

조직 관점으로 보면 리더나 관리자가 됐을 때가 회사로부터 기회를 부여받은 시점이다. 그런데 회사는 아무런 조건 없이 기회를 주지 않는다. 평가가 따라온다. 회사는 가장 먼저 조직의 성과를 평가하고 그 외에 리더의 역량을 본다. 성과에 영향을 미치는 요소는 다양한데 다른 역량들이 뒷받침되어야 성과를 낼 수 있다. 따라서 팀이나 그룹의 성과와 리더의 역량은 매우 밀접한 상관관계가 있다. 다시 말해서 리더의 역량 없이 성과를 내기가 쉽지 않다. 그렇다면 요구되는 다양한 역량 중 어떤 역량이 가장 중요할까.

팀원에게 필요한 역량과 리더에게 필요한 역량의 가장 큰 차이를 살펴보면 우선되는 역량을 알 수 있다. 팀원에게는 문제해결 능력이 1순위 역량이다. 반복되는 업무와 프로젝트 업무에서 발생하는 문제와 이슈를 해결하는 것이 우선이다. 반면 리더에게 문제해결 능력은 기본이고, 그보다 우선되는 것은 의사결정 능력이다. 리더가 되고 경영층을 향한다는 의미는 의사결정을 잘해야 한다는 뜻이다. 리더의 의사결정이 많은 것을 바꾼다. 그렇기 때문에 팀원에서 리더가 됐을 때 필요한 최우선 역량은 의사결정 능력이다.

리더에게 필요한 의사결정 능력은 갑자기 생기지 않는다.

따라서 리더가 됐을 때 주의해야 할 점이 경험만으로 의사결정을 하는 것이다. 여기에 경험에 의한 편견까지 작용하면 실패의 깊이가 깊어진다. 리더의 의사결정에는 경중(輕重)이 없다. 리더의 모든 의사결정은 중요하다. 또한 리더의 의사결정은 조직 구성원이 학습하고 모방하기 때문에 신중해야 한다.

의사결정을 잘하기 위해서는 어떻게 해야 할까. 리더는 자신의 의사결정이 리더 혼자가 아닌 조직 전체의 결정이라는 생각으로 의사결정 모델을 구축해야 한다. 의사결정 모델 구축은 다음 3단계를 따르면 된다. 1단계에서는 반영할 요소를 정하고, 2단계에서는 각 요소에 필요한 원칙을 세운다. 3단계에서는 원칙을 점검한다. 반영할 요소들은 다양한데 대표적인 예로 문제, 사람, 목표, 조직 구성원의 의견, 평가기준, 실행, 리스크 등이 있다. 이외에도 리더가 의사결정에 포함해야할 요소들을 나열해보고 중요한 것들을 선택한다. 2·3단계의 원칙과 점검 내용은 질문 형태로 만드는 것이 좋다. '이 결정으로 얻고 싶은 것은 무엇인가', '이 결정으로 달라지는 것은 무엇인가', '실행은 누가 하는 것이 효과적인가', '실행할 사람을 도와주기 위해서 리더가 할 일은 무엇인가'와 같이 질문 형태로 각 단계를 구체화한다. 질문을 구체적으로 만들수록 새로운 리스크를 발견하거나 의사결정의 정도(程度)를 높일 수 있다.

의사결정은 쉽지 않다. 실제로 팀원에서 리더가 됐을 때 가장 어려워하는 부분이 바로 의사결정이다. 그러나 대충 할 수 없다. 중요하다. 의사결정에 따라 성과가 달라지고 때로는 위기 상황을 맞이하기도 한다. 리더의 의사결정은 팀원으로서 해왔던 방식과는 달라야 한다. 리더는 의사결정 능력을 향상하기 위해 의사결정 모델을 구축하고 다양한 의사결정 사례와 필요한 내용을 학습해야 한다. 또한 의사결정 이후에는 피드백을 통해 의사결정 모델을 고도화해야 한다. 이 일이 리더로서 역할과 책임이고 결국 성과로 연결된다. 아직 팀원이거나 중간관리자라면 이러한 관점으로 앞으로 조직의 상황을 수집하길 추천한다. 성공과 실패 사례를 정리하며 '내가 리더라면'이라는 물음과 함께 케이스 스터디를 시작하자. 학습한 내용으로 자신만의 의사결정 모델을 구축을 시작한다면 실제 리더가 됐을 때 회사와 조직 그리고 자신에게 훌륭한 의사결정자가 될 것이다.

나에게 다시 던지는 셀프코칭(self-coaching) 질문

- 나의 의사결정 능력은 어떠한가?

- 그 동안의 직장생활에서 배운 의사결정 노하우는?

- 앞으로 의사결정 능력을 키우기 위해 노력할 점은?

갑자기 생기지 않는

피드백 능력

입사 후 몇 년째 팀의 막내에서 벗어나지 못한 김 대리에게 드디어 후배가 생겼다. 새로 입사한 신입사원 중 한 명이 김 대리가 속한 팀으로 배치되었기 때문이다. 팀장은 신입사원의 사수(射手·marksman)로 김 대리를 지정했다. 김 대리는 첫 후배가 생겼다는 기쁨과 팀의 막내를 탈출했다는 환희로 기쁜 날들을 보냈다.

신입사원이 팀에 적응하고 업무를 차근차근 배울 수 있도록 지원하라는 팀장님 지시가 다시 김 대리의 머릿속에 떠올랐다. 처음에는 어려운 점이 없었다. 그러나 시간이 흘러 신입사원이 담당하는 실무 영역이 늘어나자 김 대리의 역할은 처음과 같지 않았다. 신입사원이 처리한 업무에서 프로젝트의 큰 오류가 발견됐다. 후배와 관계를 나쁘게 만들고 싶지 않아 처음에는 부드럽게 피드백을 주었다. 하지만 후배의 실수는 반복됐고 김 대리는 어떻게 피드백을 주는 것이 효과적인지 알지 못해 곤란한 상황을 여러 차례 마주했다.

옆 팀 박 팀장은 팀장 직책을 맡은 이후로 피드백 때문에 자주 괴로워했다. 대리와 과장 직급일 때도 싫은 소리를 하는 것을 어려워했는데 팀장이 된 후로는 매일같이 피드백해야 했기 때문이다. 이처럼 피드백 능력은 갑자기 생기지 않을뿐더러 기존에 어려워했다면 더 불편하고 힘들다. 하지만 직급이 올라갈수록 빈번하게 해야만 한다. 조직의 구조가 그렇고 상위 직급의 역할과 책임이 그렇다.

피드백도 능력이다. 피드백에 따라 팀의 성과와 조직 구성원의 육성이 달라진다. 조직의 중요한 두 마리 토끼가 피드백의 영향을 받는다. 따라서 피드백 능력은 낮은 직급부터 훈련할 필요가 있고 현재 피드백을 많이 해야 하는 위치에 있다면 피드백 방법에 관심을 가져야 한다.

피드백이 어려운 이유는 평소에 해볼 기회가 드물고 기껏 해봐야 참고 참다가 힘겹게 이야기를 꺼내는 경우가 대부분이라는 점이다. 그런데 용기 내서 피드백했더니 오히려 역효과가 나거나 악영향을 미치기도 한다. 어떻게 하는 것이 효과적인 피드백일까. 피드백 할 때 주의해야 할 점을 통해 알아보자.

우선 해서는 안 되는 피드백이 감정적인 피드백이다. 화가 난 상태에서는 피드백이 역할을 하지 못한다. 감정적인 피드백은 화를 내는 것과 마찬가지다. 피드백은 이성적이어야 한다. 특히 자신이 상대에게 원하는 것이 있을 때가 많은데 감정적으로 피드백을 했다가 낭패를 보거나 다툼으로 번질 수 있다.

다음으로 교정적인 피드백일 경우, 즉 상대의 어떤 면에 대한 교정을 원할 때 주의해야 할 점은 반드시 일대일로 피드백을 해야 한다는 것이다. 회의 중이거나 피드백을 받는 대상자 외에 다른 사람이 함께 있는 경우에는 특정한 사람에 대한 교정적 피드백을 피해야 한다. 칭찬하거나 인정하는 지지적 피드백은 여러 사람이 있는 경우에도 괜찮다. 효과를 높이는 장점이 있다. 반면에, 교정적 피드백을 많은 사람이 있을 때 전달하면 상대는 심리적으로 저항하거나 도망간다. 겉으로는 수긍하지만, 속으로는 당황스러운 감정으로 가득 차 피드백 내용을 살펴볼 겨를이 없다. 만약 자신이 그런 상황이라고 생각해보자. 많은 사람이 보는 가운데서 지적을 받는 것이나 다름없다. 결국, 피드백을 주는 사람의 자기 강화가 피드백의 목적이 되어버린다. 피드백의 목적은 상대가 고칠 점을 스스로 생각해 보도록 하고 변화를 유도하는 것이다.

교정적인 피드백이 어려운 만큼 사전에 충분히 준비하는 시간을 마련해야 한다. 대화의 주제가 민감한 내용일 경우 감정적으로 변할 수 있기 때문에 미리 준비해야 한다. 먼저 자신의 의도가 비난이 아닌 지원인지 점검한다. 또한 피드백의 내용은 구체적인 행동이나 역량에 초점을 맞춘다. 전체 피드백의 대화는 길어질 수 있지만 핵심적인 피드백의 내용은 짧게 말해야 효과적이다. 피드백의 타이밍 역시 적절한 시점을 맞추면 좋다.

충분히 준비하고 필요하다면 한 차례 연습하고 피드백해보자. 교정적 피드백의 내용이지만 미리 준비하고 진정성 있는 피드백을 전달한다면 상대를 존중해주는 느낌을 줄 수 있다. 피드백을 주는 사람의 의도를 제대로 전달할 기회도 만들 수 있다.

나에게 다시 던지는 셀프코칭(self-coaching) 질문

- 피드백이 어려운 이유는 무엇인가?
- 피드백 할 때 가장 주의해야 할 점은?
- 피드백을 준비할 때 점검해야 할 것들은 무엇인가?

퇴사 충동의
고비를 넘기는 역량

퇴사 충동의 고비,

1·3·5년

매스컴에 오르내리는 실업률과 취업난에 대한 기사에 신물이 나고 다시 독하게 마음을 먹는다. 단 한 번뿐인 대학생활이지만 이미 2학년부터 취업 준비에 박차를 가한다. "어디라도 돼라"는 소원을 빌고 합격 소식을 기다린다. 마침내 그토록 원하던 취업에 성공했다. 자신의 전공을 살리는 취업을 했다면 더없이 기쁠 것이고 그렇지 않더라도 취준생의 초심처럼 어디라도 됐다면 그래도 만족스러울 것이다. 합격의 기쁨을 만끽한다. 생애 첫 입사를 경험하는 순간, 마음이 한없이 부풀어 오른다. 이 순간을 위해 공부한 십수 년간의 노력이 보상받는 듯하다. 대학에 입학할 때 새로운 세계가 펼쳐졌는데 다시 더 큰 세계가 열린다. 입사할 때의 포부가 거대한 구름처럼 피어나고 떠오른다.

그러나 1년이 지나고 3년이 흐르고 5년 차를 맞이하며 사회초년생의 초심은 아침에 피어났던 안개처럼 사라진다. 1, 3, 5…. 퇴사 충동의 숫자라고 직장 선배들이 알려준 시점은 나에게도 다가오고 그 숫자가 나의 마음에 충돌한다. 시간의 흐름에 무감각해지고 어느덧 나는 이 숫자 앞에 서 있다. 지친 마음을 다른 곳으로 잠시 도피시키면 다음 숫자가 기다리고 있다. 실제로 대졸 신입사원 1년 내 퇴사율은 4명당 1명 수준에서 계속 증가하고 있다. 또한 직장인 10명 중 6명은 3년 안에 퇴사한다고 한다(한국경영자총협회, 잡코리아). 이 통계에 포함되지 않은 직장인은 실행에 옮기지 못했을 뿐 마음의 요동을 경험하고 있을 가능성이 높다. 연차가 많아진다고 해서 해결될 문제는 아니다.

반퇴 시대를 맞아 퇴사한 경우, 즉 준비 없이 연차만 많아진 상태에서의 퇴사 역시 마찬가지다. 지금부터 지혜롭게 준비하지 않으면 참고 참다가 제대로 된 성장을 하지 못하고 회사라는 갑옷을 벗게 될 것이다. 결과는 지금 이 순간의 생각에 따라 달라질 수 있다.

무엇부터 풀어야 할까. 어디에서부터 잘못된 것일까. 구조적인 문제를 비롯한 환경의 탓도 있겠지만 먼저 변화시킬 수 있는 부분을 살펴봐야 한다. 학생일 때는 '어디라도 돼라'가 아니라 나 자신과 내가 할 일에 대한 조사와 분석을 상세하게 해야 한다. 생애 첫 직업과 첫 직장의 선택은 인생에서 굉장히 중요한 의사결정이다. 전공 공부보다 더 열심히 해야 한다. 직장인은 어떻게 해야 할까. 이직만이 답일까. '여기만 아니면 될 것 같다'는 마음을 지니고 매일같이 푸념하는 직장인이 부지기수다. 그러나 섣부른 이직은 위험하다. 이직을 경험한 직장인에게 물어보면 어딜 가도 마찬가지라고 답한다. 어느 장단에 맞춰야 내 마음을 앞으로 나아가게 할 동력을 공급받을 수 있을까.

4학년까지 다닌 대학 시절은 매우 길게 느껴졌다. 그런데 입사 후 5년은 통째로 사라진 기분이 들었다. 열심히 일하다 눈을 떴는데 나이를 한 뭉텅이로 먹었고 나는 어디에 있는지, 어디로 가고 있는지 또한 나는 누구인지 도무지 알 수 없었다. 흘러가는 물리적인 시간을 막을 수 없었다. 멈추고 싶은 마음에 주말 출근을 하지 않고 카페 앉아 세 시간 동안 세월을 잠시 막아냈다. '입사 후 5년, 내가 얻은 것은?'이라는 제목을 펼쳐놓고 지난 5년을 돌아봤다. 결과물의 중심에는 나의 성장이 있었다. 생각보다 많은 것들을 얻었고 시간을 정리하자 나를 가두는 생각에서 빠져나올 수 있었다. 이렇게 먼저 나를 돌아보고 내가 속해 있는 조직을 다른 관점으로 생각해보며 정리하는 시간이 필요하다. 사실 매일 이어지는 업무로 인해 녹초가 되어 일하다 보면 직장인으로서 시간 내기가 쉽지 않다. 단기적으로는 큰 문제가 있는 건 아니지만 건강한 고민의 시간을 갖지 않으면 퇴사 충동의 숫자는 계속되는 수열이 될 확률이 높다.

'지금까지의 직장생활에서 내가 얻은 것은 무엇인가?'에 답해보는 시간을 가져보자. 단순히 그리고 대충 '아무것도 없다'는 자세는 삼가고 진지하게 시간을 갖고 생각해봐야 한다. 지금의 매너리즘과 고통의 표면에 표상하는 단편들을 핑계 삼아 회피할 문제가 아니다. 각자가 해내 온 시간은 소중하다. 경험과 경력이라는 재료로 빚어낸 귀한 보물들을 스스로 발굴해내야 한다. 그렇지 않으면 시간은 또 빠르게 흐를 것이다. 스스로를 돌아보지 않으며 자율적이지 않은 자기조절로 과한 자기통제를 한다면 자기착취로 인한 거짓 자아가 나타나고 자존감 하락과 번아웃(Burnout)으로 이어질지도 모른다.

퇴사 이후에도 자신에게 던져야 할 질문이 스스로에 대한 질문이듯 퇴사 전에 필요한 질문 역시 자기인식에 대한 것이다. 흘러가는 시간을 바라만 보지 말고 진지하게 돌아보고 지금을 맞이해야 한다. 그래야 현재에 덜 불안하고 미래에 자율적일 수 있다. 퇴사로 이어질 수 있는 매너리즘이나 불안, 불만족의 근원을 모르고 판단한다면 퇴사 후에도 방황할 것이다.

나에게 다시 던지는 셀프코칭(self-coaching) 질문

- 내가 퇴사 충동을 느끼는 때는 언제였는가? 그 이유는?
- 지금까지 직장생활에서 내가 얻은 것은 무엇인가?
- 내가 변화해야 하는 부분은 무엇인가?

입사 후 ____년, 내가 얻은 것은?

매너리즘과의 결별,

한 발 떨어져 일의 의미 생각하기

"일에서 의미를 찾으라고요?"

일 생각만 해도 스트레스가 쌓이는 마당에 일에서 의미와 가치를 발견하라는 회사의 교육이 거북하다. 몇몇 내용을 들어보지만 한쪽 귀로 들어와 반대편으로 도망치듯 빠져나간다. '일을 좋아하는 사람도 있나?'라는 생각마저 든다. 나에게 일이란 그저 오늘 근무시간을 채우는 그냥 그런 것이다. 퇴사전 일에 지치고 매몰되기를 반복한 후 매너리즘까지 왔을 때 일은 그런 의미였다. 퇴사 후 바라본 일은 어땠을까? 거창하게 멋진 의미를 발견했다는 것은 아니지만 다른 질문으로 일을 마주했다.

첫 번째 질문은 '왜 일하는가?'다. 우리는 도대체 무엇을 위해 일할까? 사실 현대사회를 살아가는 우리에게 이 질문에 대한 대답은 뻔하다. 먹고살 돈을 벌기 위해서다. 행복을 연구하는 사람들도 현대사회에서 행복추구를 위해서 필요한 돈을 언급한다. 그런데 중요한 점은 돈을 버는 자세과 관점의 선택이며 또한 그 돈으로 어떤 경험에 투자할 것인지 선택하는 것이다. 돈 자체에 행복이 정해지는 것이 아니라 돈을 벌고 쓰는 과정이 삶과 행복에 더 큰 영향을 준다. 따라서 첫 번째 질문에서 정답을 찾아내기보다는 질문에 연결되는 생각의 흐름에서 현명한 선택이 필요하다.

일이 없으면 안 되지만 적당하면 좋겠다. 그래서 요즘 유행하는 '워라밸(Work and Life Balance)'이 생각의 공동 정류장일지도 모른다. 물론 균형을 찾아가야겠지만 질문을 근원적으로 바라보고 본질적인 대답을 할 때 새로운 의미와 가치를 발견할 수 있다. 일의 의미와 가치를 생각하기 위해 두 번째 질문을 던졌다. '일이 사라진다면 어떻게 될까?' 역시 답은 예상을 벗어나지 않았다. '먹고살기 힘들겠지'라는 표면적인 대답이 튀어나왔다. 회사를 생각하면 퇴사가 떠오르지만 이 질문은 일 자체에 대한 것이다. 일에 대한 이상한 거부감도 마주하고 일의 본질을 마주해보는 질문이다.

직접 답하기 어려워서 인류 역사의 몇몇 사례를 살펴봤다. 모든 인간에게 적용되진 않을 수도 있겠지만 흥미로운 결과였다. 일이 사라지면 인간은 무기력해진다는 메시지였다. 인간은 일을 통해 규율, 소속감, 규칙성, 자기효능감 등 등의 심리적·사회적 욕구를 충족시킨다고 한다. 직업을 가질 수 없거나 한번도 안정된 직업을 가져보지 않은 경우와 직업을 갖고 있다가 잃은 경우를 연구한 결과 사회에 무관심해지고 참여가 줄어들었다는 사례가 있다. 직업을 갖고 일을 한다는 것은 물질적인 욕구를 충족시키는 것 이상을 의미한다는 말이다('The working life', Joanne B.Ciulla, 다우출판). 여가만 있다고 해서 해결될 문제도 아니다.

일이 없으면 너무 많은 여가의 선택권이 주어지고 무기력해진다. '워라밸'도 의미가 없어진다는 뜻이다. 지금 하는 일의 필요성에 대해서 동의한다면 일을 바라보는 자신의 관점에 집중해야 일의 의미와 가치를 찾을 수 있다. 의미 자체를 묻는 질문은 어렵다. 일의 의미를 찾기 위한 추가 질문으로 스스로를 이끈다면 현명한 연결이다. 적절한 질문은 '그렇다면 어떻게 일할 것인가?'다. 이 질문과 관련된 추천할 만한 점검 사항은 '일에 임하는 자세'와 '일하는 방식'이다. 일을 대하는 자세가 어떻게 변하고 있고, 자신에게 어떤 영향을 주고 있는지 봐야 한다. 또한 일하는 방식 자체에 관심을 갖고 무엇이 진정으로 자신을 위한 방법이고 효과적인지 점검해야 한다.

다만 두 가지에 대해 긍정적인 면을 먼저 살펴봐야 한다. 생각보다 잘해온 것이 많고 이미 잘하고 있는 점이 많다. 일에서 억지로 의미를 만들려고 하기보다는 이렇게 자신을 돌아보는 방법이 효과적이다. 부정적인 면이 있다면 왜 그렇게 생각하는지 살펴봐야 한다.

몇 년 전 독일에서 만난 슈투트가르트 자연학교 설립자 미하엘 교수와의 만남이 떠오른다. 슈투트가르트 공대에서 지속 가능성에 대해 강의를 하고 있는 그에게 물었다. '왜 이 일을 하세요?' 그는 내가 생각한 관점을 초월한 대답을 했고 일의 영역을 떠나 내가 일을 바라보는 방식의 큰 전환을 선물했다. "지구를 위해서 그리고 다음 세대 우리 아이들을 위해 이 일을 합니다."

일을 안 할 수는 없다. 일을 하되 회사와 조직의 범위 내에서 조금 더 나은 방법을 찾아야 한다. 하루 일과의 큰 영역을 차지하는 일의 영역에서 새로운 눈을 떠야 삶이 행복할 것이다. 인생이라는 큰 그림과 연결하면 더 많은 의미가 있고, 의미가 모이면 가치가 된다. 가치는 때로는 매너리즘에서 벗어나는 방법이 될 수도 있고, 조직에서 지속 가능한 성장을 이어가는 힘과 지혜가 되기도 할 것이다.

나에게 다시 던지는 셀프코칭(self-coaching) 질문

- 나는 왜 일하는가? 내가 생각하는 일의 의미는?

- 지금 내 일이 없어진다면 한 달, 6개월, 1년은 어떨까?

- 나의 일에 임하는 자세와 일하는 방식은 어떤가?

퇴사하고

카페나 차릴까?

"회사 그만두고 카페나 차릴까?"

"퇴사하고 작은 카페나 하면서 편하게 살고 싶다."

직장인들의 대화에서 자주 나오는 말이다. 어쩌면 한 번씩은 생각해봤을지도 모른다. 카페 창업은 누구에게나 로망이 됐다. 퇴사 후 카페 창업을 하면 당장은 지긋지긋한 회사로부터, 그 안에 보기 싫었던 사람들과 나를 압박했던 일들로부터 해방되는 느낌이 들겠지만 상상은 현실적이어야 한다. 그 현실은 현대사회를 살아가는데 반드시 필요한 것들을 반영해야한다.

카페 창업은 큰돈을 벌기 어렵다. 객단가가 낮기 때문이다. 객단가는 고객 1인당 평균 매입액을 말한다. 주어진 시간에 유사한 범위의 회전율로는 매출의 범위가 뛰어나게 높을 수 없다. 하지만 창업하기 편리해 보이고 깔끔해 보이기 때문에 카페 창업을 선호한다. 또한 자신만의 공간을 만들고 꾸미고 싶은 욕구 때문인지 어느덧 누군가의 꿈이 됐다. 특히 돈과 커리어를 떠나서 지친 직장인의 마음을 파고든다. 사람에 치이고 일로 스트레스받고 건강까지 안 좋아지는 경우, 무슨 부귀영화를 누리겠느냐며 작은 카페를 소유하길 희망한다. 아마도 작은 돈이어도 생계를 이어갈 수 있으면 지금보다 행복할 것이라는 생각이 많지 않을까 한다. 사실 주인이 직접 운영하며 어느 정도 매출을 확보할 수 있다면 이 꿈은 막연하지 않다. 그러나 쉬운 일은 아니다. 동네만 둘러봐도 카페가 우후죽순처럼 생기고 오픈한 지 몇 개월 만에 문을 닫는 카페가 수두룩하다. 실제 퇴사자가 경험한 카페 사업은 어떨까? 카페 창업에 필요한 금액은 검색을 통해 쉽게 알아볼 수 있다. 그보다는 자영업자의 실제 경험을 들어보는 것이 좋다.

첫 직장 퇴사 후 카페를 차렸다. 치밀한 준비를 한 건 아니지만 나름대로 이것저것 따져봤다. 그러나 창업 경험이 없었기 때문에 어설펐고, 대부분 카페를 차리고 싶은 로망과 욕망으로 합리화되었다. 그래도 엔지니어 출신이기 때문에 리스크 매니지먼트 차원에서 창업보다는 인수를 결정했다. 망할 수도 있기 때문에 매출이 발생하는 카페를 인수해서 경험해 볼 작정이었다. 다행히 수익이 발생했다. 수익이 대단히 많지 않았기 때문이기도 하고 도전을 해보고 싶어서 카페를 하나 더 열었다. 이번엔 인수가 아닌 창업이었다. 그렇게 5년간 커피 시장에서, 자영업 시장에서 규모는 작지만 값진 경영수업을 치르고 있다. 다양한 에피소드가 있었는데 그보다는 카페 창업의 좋은 점과 어려웠던 점을 직접 느끼고 부딪힌 경험이라는 공유지식으로 전달하고자 한다.

카페 창업의 장점은 시간의 자율성이다. 고객이 방문하면 매출을 올리고 한가할 때 책을 읽거나 음악을 감상할 수 있다. 또는 별도의 자기 일을 할 수 있다. 두 번째 좋은 점은 음료 제조의 간편함이다. 미리 준비 과정을 거쳐야 하는 일부 재료가 있지만 대부분의 음료 제조를 위한 기본 재료는 주문해서 받은 상태 그대로 가능하다. 반복해서 만드는 메뉴가 간단하기 때문에 복잡한 레시피를 따르는 음식 제조에 비해서 간편하다. 재료 역시 커피재료 쇼핑몰에서 쉽게 주문할 수 있다. 세 번째는 공간에 대한 만족도다. 원하는 디자인으로 구성해 소유할 수 있다. 물론 공간을 오래 소유하면서 영업을 지속하기 위해서는 시장에서 살아남아야 하고 임대료를 지불해야 한다.

어려웠던 것은 우선 수익에 대한 부분이다. 객단가가 낮기 때문에 높은 수익을 기대하기 쉽지 않다. 홀로 운영하면 수익이 추가되지만 체력이 뒷받침되어야 한다. 추가 인력을 투입하면 인건비가 발생해 수익이 감소하는 어려움이 따른다. 테이크아웃 판매가 많은 여름철에는 매출이 상승하지만 비수기인 겨울철에는 매출이 급감한다. 두 번째는 인력관리다. 대개 사업을 하면 가장 큰 어려움으로 맞닥뜨리는 부분이라고 하는데 실제로도 어려웠다. 세 번째는 치열한 경쟁이다. 어느 시장에서나 경쟁은 존재한다. 하지만 수익성이 높지 않은 사업 영역에서 로망을 실현하려는 사람들이 많아졌다. 정해진 파이를 나눠 먹거나 누군가 먼저 포기하기를 기다리는 치킨게임이 됐다. 낙관적으로 본다면 시장에서 고객의 소비량이 증가하기를 기대하고 경쟁을 이어가는 것인데 아직은 가능한 부분이다. 그러나 경쟁의 치열함은 변하지 않을 것이다.

사업을 준비하는 것도 직업이나 직장을 선택하는 것과 마찬가지로 미리 경험한 사람들의 이야기를 다양하게 들어봐야 도움이 된다. 퇴사 후 자신만의 사업을 꿈꾸고 있다면 그 안을 더 자세하게 들여다봐야 한다. 직장생활을 하면서 준비한다면 다양한 사업영역과 업종의 경험자들로부터 장단점을 들어야 한다. 적당한 준비로는 원하지 않는 미래를 맞을 수 있다. 지금 자영업에 종사하는 600만명에 육박하는 대한민국 국민 중 누군가는 역시 직장인이었다. 그들 중 성공한 사람들은 철저히 준비했을 것이다. '회사 그만두고 카페나 차릴까?'라는 질문을 더 깊고 넓은 형태의 질문으로 바꾸자. 더 많은 질문을 스스로에게 다시 던져야 한다.

나에게 다시 던지는 셀프코칭(self-coaching) 질문

- 퇴사 후 창업을 한다면 몇 년의 준비가 필요할까?
- 창업 아이템은 무엇이며 어떤 경쟁력이 있는가?
- 지금부터 준비한다면 어떤 준비를 할 것인가?

퇴사를 바라보는

역량

퇴사를 결심하는 당신,

'나의 역량'을 객관적으로 정의하라

'결국 남는 건 사람이다'라는 말을 많이 들었다. 그러나 지금의 직장 풍경을 보면 '그럴까'라는 의문이 올라온다. 심지어 생각만 해도 감정의 파도가 밀려오는 경우도 있다. 직장생활을 하며 좋은 사람을 만나는 건 하늘의 별 따기라며 괜찮은 사람을 만나면 감사할 따름이다. 한번은 '이해관계가 없어졌거나 끝났을 때 그 사람과의 인간관계가 진짜다'라는 글을 읽고 퇴사 후 나의 진짜 관계에 대해 생각해보는 계기가 되었다. 하지만 직장생활에 대입하기에는 여간 어려운 게 아니라며 다시 고개를 저었다. 쉽지 않은 '사람' 외에 조직에 있을 때 또 무엇을 남겨야 할까? 결국 남는 다른 건 무엇일까?

직장생활을 하며 오롯이 자신에게 집중했을 때 남겨야 하는 건 역량이다. 내가 무엇을 할 수 있고 무엇을 잘하는지 분명하게 알아야 한다. 왜냐하면 퇴사 후에 진짜 역량이 드러나기 때문이다. 드러난 역량으로 새로운 일을 하거나 역량을 표현해서 새로운 회사나 조직에 들어가야 먹고 살 수 있다. 대충 어떤 일을 했고 어느 정도의 성과를 냈으며 무엇을 해봤다가 아니다. 구체적으로 어떤 역량을 발휘한 경험과 경력이 있고 보유하고 있는지 스스로 명확하게 인식해야 한다. 이를 위해서는 조직에 있을 때 먼저 자신의 역량이 무엇인지 정리하는 시간을 마련해야 한다. 보호해줬던 조직이 없을 때 무엇을 할 수 있을지 미리 생각해봐야 한다. 그 생각은 조직에 있을 때 해야 어떤 역량을 개발할지 또는 활용할지 미래를 위한 유용한 준비를 할 수 있다. 조직은 개인을 배려하기 어렵기 때문에 자신이 조직을 활용하는 것이 현명하다.

　　퇴사 후에 회사라는 갑옷이 없어지면 조직 밖의 자신을 마주하고 '나는 무엇을 할 수 있는가'라는 질문이 심연에서 피어오른다. 이 질문을 한 단어로 줄이면 '역량'이다. 나는 거쳐온 여러 조직생활을 돌아보며 어떤 역량을 키웠는지 생각했다. 어떤 경험을 했고 무엇이 좋아졌고 실제로 무엇을 잘했는지 정리를 시도했다. 하지만 내가 갖고 있는 역량을 어떤 형태로 표현해야 할지 막막했다. 역량이 무엇인지 알고 있다고 착각했고 마치 수년간 대학생활을 하고도 자기소개서에 자신을 기술하지 못하는 취업준비생 같았다. 혹은 채용 면접에서 대답하지 못하고 머뭇거리는 지원자와 다르지 않았다. 오랫동안 직장생활을 해도 마찬가지 상황이다. 제대로 알지 못하면 표현하지 못한다.

역량이란 무엇일까? 역량(力量)은 '어떤 일을 해낼 수 있는 힘'이라는 사전적 의미를 갖고 있다. 영어로는 'Ability' 또는 'Competency'로 나타낼 수 있는데 정의뿐만 아니라 또 중요한 것이 유형이다. 어떤 형태의 역량을 키웠고 보유하고 있는지 자신에게 물어야 한다. 혼자 잘하는 것인지, 함께 잘하는 것인지를 구분하고 각각에 대한 세부 유형으로 역량을 표현해야 한다. 예를 들어 분석력, 창의력, 문제해결 능력이라는 세부 유형으로 표현할 수 있고 이들은 모두 혼자 잘하면 되는 역량이다. 반면에 리더십, 팀워크, 의사소통 역량은 누군가와 함께 잘하는 것이다. 이러한 구분과 개념의 이해가 선행되어야 자신의 역량을 정리하고 표현할 수 있다. 세부 역량에 대한 개념을 이해할 때 역시 주의해야 할 점이 경험적으로 인식하고 있는 개념으로 자신의 이해를 과신하는 것이다. 세부 역량의 정의를 사전에서 찾아보는 일이 먼저다. 역량의 개념은 위의 구분과 예시 외에도 훨씬 다양한데 직접 찾아보고 구분하며 정리해야 한다.

자신의 역량을 정리하면 새로운 가능성이 열리기도 한다. 조직에서 자신의 역량을 더 활용할 생각을 하고 부족한 역량은 직장 내 고수에게 배울 수도 있다. 필요에 따라서는 보유한 역량을 어필해서 원하는 직무를 경험하기도 한다. 혹은 역량을 정리함으로써 지겨워진 직장생활에서 새로운 의미나 활력을 찾을 수도 있다.

지금 하는 일을 살펴보면 사실 그 일을 매우 잘하고 많은 역량들을 발휘하고 있다. 하지만 당연한 일로 생각하고 오히려 익숙해진 역량을 적당히 소모한다고 생각한다. 반복되는 업무에 스킬과 스피드가 생기고 수많은 프로젝트와 업무 처리를 하며 역량이 생겼는데 스스로 인지하지 못하는 경우가 많다. 경험과 경력이라는 훌륭한 재료가 자신에게 투입되며 일을 처리하는 과정을 통해 분명히 다양한 역량이 향상되었을 것이다. 따라서 조직에 있을 때 시간을 갖고 역량을 점검해야 한다. 이는 스스로를 위한 의미 있는 과제다.

나에게 다시 던지는 셀프코칭(self-coaching) 질문

▪ 조직에 있을 때 내가 남겨야 할 것은 무엇인가?

▪ 직장생활을 통해서 내가 지금까지 갖춘 역량은?

▪ 퇴사하면 나는 무엇을 할 수 있는가?

[역량 x 선호도]

Matrix를 통해 직장인으로서 자신의 역량을 객관적으로 정의해보자.

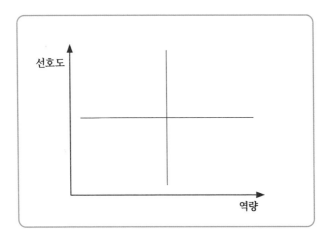

[역량의 객관적 정의 1단계]

자신이 생각하는 역량의 개념으로 직장생활에서 발휘하고 있는 역량과 선호도의 정도에 맞게 역량을 표기한다.

[역량의 객관적 정의 2단계]

'역량의 종류'를 검색하고 참고하여 다시 한번 자신의 역량을 표기한다.

[역량의 객관적 정의 3단계]

표기한 자신의 역량이 주관적인지 객관적인지 검토한 후 자신의 동료 또는 상사와 [역량 x 선호도] Matrix로 역량을 객관적으로 재검토한다.

위의 [역량 x 선호도] Matrix에 역량과 선호도의 정도에 따라 자신의 '업무'를 표기하여 상사와 업무 면담 시 효과적인 근거로 활용할 수 있다. 특히 업무분장이나 직무순환 혹은 성과면담에 유용하다.

직장인의 진로 고민,

나를 표현하는 보고서로 작성하라

직장인이 되었다고 진로 고민이 끝난 건 아니다. 회사를 계속 다녀야 할지, 이직해야 할지 생각하는 것 역시 진로를 고민하는 과정이다. 조직에 가까운 동료가 있다면 대화를 통해 고민을 이야기해보지만 대부분 같은 입장이다. 조금 더 가까운 친구들을 만나 이야기를 나눠봐도 상황은 마찬가지다. 잠시 비슷한 생각을 공유하고 돌아서면 또다시 같은 고민이 반복된다. 다음 날 출근하면 같은 일상이 반복되고 일이 바빠지면 고민을 잊게 된다.

고민을 구체화하고 실행에 옮긴 직장인들은 다르게 행동한다. 이직하거나 퇴사 후 계획한 일을 시작한다. 그들을 부러움의 시선으로 보지만 시선을 자신에게 가져오면 답답한 느낌이 든다. 다시 주어진 일을 하다 보면 언제 그랬는지 익숙하게 직장인의 삶의 한가운데 있다. 반복의 연속이다.

　　이직이나 퇴사가 진로 고민 해결을 위한 좋은 대안은 아니다. 자신에게 가장 적절한 대안이 나오면 좋겠지만 어떤 선택도 쉽지 않다. 따라서 현실을 고려한 현명한 방법을 우선순위로 살펴봐야 한다. 먼저 추천하는 우선순위는 회사 내에서 경력을 먼저 고려하는 것이다. 현재 직무를 얼마나 수행했고, 어떤 역량을 향상했으며, 조직 내에서 직무 순환을 한다면 어떤 직무가 자신의 경력에 유리할지 생각해야 한다.

　　원하는 경로가 있다면 회사의 제도를 활용하거나 상사와 적극적으로 협의해 방법을 찾아봐야 한다. 이때 자신의 경력을 충분히 돌아보고 가시적으로 정리할 필요가 있다. 보고서에서 쓰는 매트릭스, 시계열적 분석 등의 형태로 수행했던 업무를 그려서 상사를 설득할 때 근거로 활용해야 한다. 수많은 보고서를 작성하면서 자신의 경력에 대한 보고서 작성에는 관심을 두지 않는다면 경력 관리를 머릿속으로만 하는 것이다. 직장인에게는 경력 관리가 중요하다. 경력 관리를 어떻게 하느냐에 따라 미래에 어떤 환경에서 어떻게 일할지 충분히 바뀔 수 있기 때문이다. 자신의 경력을 위한 보고서 하나는 작성해야 한다.

직무 경력 중심의 고민과 함께 진로의 본질적인 측면으로도 다시 생각해 볼 필요가 있다. 진로(進路)라는 단어는 나아갈 진(進)과 길 로(路)로 구성되어 있다. 앞으로 나아갈 길인데 중요한 점은 내가 나아가야 할 길이라는 것이다. 누가 대신해 주지 않는다. 주도적으로 고민하고 준비해야 원하는 선택을 이어갈 수 있다.

진로 분야에서 오랫동안 활용되는 세 가지 진로 선택 단계가 있다. '진로지도의 아버지'로 불리는 프랭크 파슨스(Frank Parsons, 1854~1908년)가 제안한 단계이다. 그의 진로 선택은 혼란스러운 선택의 연속이었다. 철도회사와 철강회사에 근무하다 공립학교 교사로 일했고, 사법시험을 준비하기도 했다. 대학에서 강의하다가 선거에 출마하기도 했다. 본인이 겪은 시행착오를 바탕으로 진로지도에 도움을 주고자 보스턴 직업국을 설립한 그는 세 단계의 전략을 책으로 남겼다. ('Choosing a vocation', Frank Parsons, 1909)

첫 번째 단계는 자기 자신, 자신의 적성, 능력, 흥미, 포부, 한계와 그 이유에 대한 명료한 이해다. 두 번째로 다양한 일의 요건, 성공의 조건, 강점과 약점, 보상, 기회, 전망을 살펴보는 것이다. 마지막 단계는 앞의 두 단계에 대한 정확한 판단을 통해 합리적인 선택을 하는 것이다.

　사실 위의 세 단계를 모두 맞는 말로 인식하고 고개를 끄덕이지만 제대로 정리해본 적이 없는 경우가 많다. 특히 현실에 쫓겨서 취업 준비를 하고 직장에서도 조직에 적응하며 일에 쫓겨 앞을 헤쳐나가다 여기까지 왔다면 정리할 기회가 없었을 것이다. 혹은 자신에 대해 그리고 자신이 갈 방향에 대해 깊이 있게 고민하는 시간을 귀찮게 여긴다. 그러나 사회생활의 경험은 다양성의 규모가 크다. 경험과 경력을 통해 자신에 대해 새롭게 알게 된 점이나 자신이 갈 수 있고, 가면 유리한 방향에 대한 정보가 방대하게 늘어난다. 분석이나 선택에 대한 능력 역시 크게 향상된다. 따라서 제대로 정리만 한다면 선택에 도움이 되는 과정을 충분히 만들어 낼 수 있다.

　학생에게만 진로가 고민이 아니다. 어른에게도 직장인에게도 진로 고민은 계속된다. 고민만 하지 말고 나를 정리하고 표현하는 보고서로 작성해보자. 회사를 위해 엄청난 분량의 보고서를 작성했다면 이제는 나를 위한 보고서 하나쯤은 작성할 수 있어야 한다.

나에게 다시 던지는 셀프코칭(self-coaching) 질문

- 내가 현재 고민하는 진로 고민은 무엇인가?

- 고민을 정리하거나 해결하기 위해서 시도한 방법은?

- 나의 진로 고민을 보고서로 작성한다면 목차는?

퇴사 후 선택할 수 있는

생계의 대안은 몇 개나 있을까?

　퇴사 후 선택할 수 있는 생계의 대안은 몇 개나 있을까? 생계 걱정을 하지 않아도 되는 선택이라면 좋겠지만 먹고 사는 문제에서 자유롭기가 쉽지 않다. 녹록지 않다는 말을 자주 하며 하늘을 바라보지만 이렇다 할 대책이 나오지 않는다. 플랜 B, 아니 플랜 Z까지 생각하며 머릿속을 가득 채우지만 어떤 선택도 간단하지 않다. 정년퇴직이나 명예퇴직 형태의 퇴사는 다르지 않겠냐고 말할 수도 있겠지만 100세 시대에 누구에게나 필요한 고민이 되었다. 선택이 어려운 이유는 안 해 본 일에 대한 두려움과 생계 보장의 불투명성 때문이다. 이는 일과 생계라는 개념을 포함한 직업(職業)을 바꾸는 험난한 과정이다.

미리 준비하고 실제로 성과를 달성해놓은 퇴사자는 한결 나을 것이다. 예를 들어 적절한 투자와 재테크를 통해 부동산에서 큰 수익을 올려놓았거나 임대수입이 발생하도록 만든 경우다. 그러나 돈 외에도 우리에게는 직업을 통한 일이 필요하다. 물론 부동산 투자나 임대업 역시 일이라고 할 수 있지만, 이상적인 그림이기 때문에 조금 더 현실적인 대안이 필요하다. 현실적으로 본다면 우리에게 필요한 건 지금 당장 할 수 있는 일이고 선택할 수 있는 직업이다.

퇴사 후 선택할 수 있는 생계의 대안 중 가장 현명한 것은 경력을 살려서 그에 맞는 연봉 대우를 받는 것이다. 성공적인 이직이면 좋겠지만 다른 선택을 해야 할 경우는 어떨까? 이직을 제외하고 가장 쉽게 선택하는 건 자영업이다. 그러나 주변에서 실패하는 자영업 사례를 볼 때 그마저도 선뜻 택하기 어렵다. 특히 퇴직금으로 자영업에 도전했다가 낭패를 본 경우가 많다. 그 외 사례들을 살펴보면 했던 일과 연결되는 사업을 시작하거나 새로운 분야로 창업을 한다. 요즘에는 적은 비용으로 창업에 도전하고 성공한 사례가 있지만 매우 드물다. 일부 성공 사례만 매스컴에 나오고 실제로 실패의 모수(母數)는 굉장히 많을 것이다.

창업 실패에 대한 리스크를 줄이며 적은 자본으로 창업할 수 있는 건 최근 늘고 있는 지식창업이다. 경험하고 연구한 전문지식을 바탕으로 지식을 원하는 고객에게 공급하고 수익을 창출하는 것을 말한다. 자신이 포함된 회사나 조직이 아니어도 고객이 원하는 것을 공급하고 수익을 만들어낼 수 있는가가 핵심이다. 공급하는 원천은 지식이고 내용물은 콘텐츠다. 제공하는 형태는 컨설팅, 교육, 글 등 다양하다. 증가하고 있다는 것은 도전하는 사람들이 많다는 의미인데 수요와 공급 차원의 큰 그림을 잘 살펴봐야겠지만 선뜻 공급자로 도전하기도 만만치 않다. 왜냐하면 이 역시 직업을 바꾸는 엄청난 과정이기 때문이다.

직업을 바꾸는 것은 왜 이렇게 어려울까? 필요하다면 어떤 것들이 필요할까? 최선의 선택을 내리기 위해서는 어떻게 해야 할까? 먼저 고민을 많이 해보고 같은 고민을 바탕으로 실행을 시도한 다양한 사람을 만났던 사람의 이야기를 들어볼 필요가 있다. '인생학교 : 일'(쌤앤파커스)의 저자 로먼 크르즈나릭은 직업을 바꾸고 그 과정에서 최선을 선택을 내리기 위해서는 세 가지가 필요하다고 말한다. 첫째, 지금 하는 일을 그만두고 새롭게 출발하는 것에 따르는 혼란과 두려움의 근원을 이해하는 것. 둘째, 자신에게 완벽한 직업이 단 하나뿐이라는 생각을 버리고 '여러 개의 자아', 즉 우리의 인생을 이루는 여러 측면에서 적합한 직업의 범위를 갖는 것. 셋째, 먼저 행동해보는 것.

퇴사 경험자로서 로먼 크르즈나릭의 주장에 공감하고 동의한다. 다만 이 책에서 동일하게 반복하는 관점으로, 즉 세 가지를 조직에 있을 때 생각해보고 경험한 사람들의 말을 들어보고 만나보며 시도하기를 추천한다. 이러한 맥락의 시도와 고민은 어떤 대안을 선택하든 기회비용을 줄이는 전략으로 작용할 것이다. 직장인들의 성공을 열정적으로 돕고 있는 공병호 박사는 일찍이 그의 책 '제2의 인생, 어떻게 준비할 것인가'에서 이렇게 말했다. "변화와 준비 없이는 성공적인 제2의 인생도 없다." 지금 고민하고 작은 실행을 다각화해야 한다. 시도하는 변화는 대단한 변화가 아니어도 괜찮다. 지금 현실에서 시도해볼 수 있는 것들을 호기심을 갖고 긍정적으로 해봐야 한다.

퇴사 후 선택할 수 있는 생계의 대안으로 직업을 바꾸는 험난한 과정의 일부를 살펴봤다. 많은 사례와 훨씬 다양한 경우가 있겠지만 일부라도 경험자의 말을 들어보면 하나같이 순탄치 않다고 말한다. 망설임 없이 결정하고 도전하더라도 호락호락하지 않은 과정일 것이다. 하지만 언젠가 하고 싶다면, 혹은 해야만 한다면 탐색해볼 필요가 있다.

나에게 다시 던지는 셀프코칭(self-coaching) 질문

- 내가 선택할 수 있는 퇴사 후 생계의 대안은?

- 만약 직업을 바꾼다면 어떤 직업을 선택할 것인가?

- 준비한다면 어떤 준비를 어떻게 할 것인가?

나는 퇴사 후

조직의 힘 없이 돈을 벌 수 있을까?

"나도 그냥 월급 받으려고 다니는 거지."

5년 차 유 대리가 김 과장에게 늘어놓은 직장생활 푸념에 대한 김 과장의 대답이다. 회사에서 자신보다 더 오랫동안 일한 사람을 보고 직접 질문을 던져보며 자신의 미래를 가늠해본다. 직장생활의 미래는 크게 두 가지 형태로 나눌 수 있다. 앞이 보이지 않는 경우와 앞이 명확하게 보이는 경우다. 앞이 보이지 않는 것은 선배나 직장 상사의 모습을 보며 자신의 미래의 모습이 아닐 것이라고, 그렇게 살고 싶지 않음을 머릿속으로 부정하고 눈으로 막는 것이다. 한편 앞이 보인다는 말은 직장생활이 언제 끝날지 보인다는 의미다.

자신의 앞날이 보인다는 모 기업에 다니는 친구 집에 간 적이 있었다. 매우 신속한 변화를 추구하는 조직에서 그는 자신의 앞날을 어렵지 않게 예측하고 있었다. 집의 한쪽 편에 쌓여 있는 공무원 수험서를 보고 친구의 말이 사실임을 알았고 쌓여 있는 많은 책들의 무게만큼 책임감이 느껴졌다. 언젠가는 다가올 퇴사를 준비하는 직장인을 가까이서 자주 만나고 어딜 가도 직장생활 이야기의 한 꼭지는 퇴사 이슈다. 한편으로는 슬프지만 준비를 해야 미래에 덜 슬프고 덜 힘들 것이다.

　　회사라는 소속이 있고 조직에서 일하며 이에 상응하는 보수를 돈으로 받는다. 퇴사 이후의 삶에서 돈을 살펴보면 핵심은 조직이 없어도 수익을 발생시킬 수 있는가이다. 퇴사를 고민하는 사람들이 받는 단골 질문이 '그래서 뭐해 먹고 살 건데?'이듯이 언제나 1순위로 발생하는 문제다. 따라서 조직에 있을 때 자신의 역량을 점검하고 강점 역량을 찾고 나아가 어떤 역량을 더 개발해야 하는지 생각해야 한다. 그다음에는 역량을 통해서 조직이 없어도 수익을 어떻게 발생시킬 것인지 고민해야 한다.

　　그렇다면 조직 없이 수익을 발생시킨다는 말은 무엇일까? 기존의 형태를 살펴보면 전문적인 기술을 보유한 전기, 배관,

타일 기술자 등이 대표적인 예다. 최근의 형태를 보면 프리랜서, 1인 기업가, 1인 창업가인데 이들은 조직이 없어도 수익을 발생시키고 수익 창출의 기회를 다른 조직이나 영역에서 제공받는다. 미래학자들이 제언했던 프리에이전트의 시대가 다가왔다. 실제로 미국은 노동인구의 약 36%인 5700만명 정도가 프리랜서다. (2017, Trans4 mind Korea) 우리나라는 정확한 통계는 잡히지 않지만 특수고용 형태의 근로자가 늘어났다. 현재는 더 늘어났을 것이다. 세무사, 회계사, PD, 기자 등의 프리랜서가 늘었고 의사 프리랜서도 등장했다. 프리랜서를 연결해주는 플랫폼 시장도 성장했다. 전문직인 경우에 상대적으로 수월하게 프리랜서로 활동할 수 있을 거라는 생각이 들지만 근본적인 개념과 어려움은 같다. 조직이 없어도 어떻게 수익을 발생시킬지 고민해야 한다.

직장생활을 하다가 프리를 선언하는 대표적인 프리랜서 직업이 교육업에서 강의를 하는 강사다. 예전에는 퇴사 후 치킨집 창업, 그다음은 카페 창업을 선호했고 최근에는 강사 직업이 인기가 높다. 그렇다고 아무나 할 수 있는 것은 아니다. 진입장벽은 낮지만 어떻게 지속적으로 수익을 발생시킬 수 있을지 치열하게 생존 문제를 다뤄야 한다.

지금 당장 프리랜서로 전향하라는 말은 아니다. 가장 좋은 경로는 회사에서 인정받고 조직에서 중요한 직책으로 승진하며 성장하는 것이다. 하지만 언젠가 조직이 없어도 스스로 수익을 발생시킬 수 있을지 지금부터 탐색을 병행하는 것이 좋은 전략이다. 부장이나 임원으로 퇴직한다고 해도 예외가 없는 100세 시대다. 미국에서는 직장인이 다른 직업을 미리 체험해볼 수 있도록 도와주는 비즈니스가 이미 오래전부터 시작됐다. 현재의 직업과 역량으로 시도할 수 있는 것은 무엇이 있으며 실제로 실행한 사람들은 어떤 삶을 살고 있는지 찾아보고 간접 경험을 해봐야 한다.

변화를 바라보고 다양한 탐색을 시도하며 현재의 직장생활에서 준비해야 할 것은 다시 역량이다. 프리에이전트 시대가 오고 나타나는 또 다른 변화는 직장에서 조직경험을 했던 프리랜서들이 조직형태로 일을 만들고 일을 해서 공동으로 매출과 수익을 발생시킨다는 점이다. 초연결 시대에 충분히 일어날 만한 상황이 실제로 눈에 보인다. 다시 한번 현재 자신이 무엇을 할 수 있는지 역량에 더 집중해야 한다는 의미로 해석할 수 있다. 다양한 프리랜서들이 모여서 조직형태로 일을 하면 또다시 반복되는 질문과 요청이 '당신은 어떤 역량을 갖고 있는가'이다.

나에게 다시 던지는 셀프코칭(self-coaching) 질문

- 내가 생각하는 나의 직장생활 수명은?

- 퇴사 후 수익 활동을 하는 사람들은 무엇을 하는가?

- 만약 조직 없이 수익을 발생시키기 위해 할 수 있는 일은?

퇴사 후

자신에게 던져야 할 질문

30년 일해 모은 돈으로 30년 버티는 건 불가능한 100세 시대가 됐다. 바야흐로 호모 헌드레드(homo-hundred) 시대를 몸과 마음으로 직접 맞이하는 우리 세대는 퇴사 후에도 계속되는 삶을 계획해야 한다. 그러나 퇴사 후 삶이 탄탄하게 계획돼도 가장 먼저 마주해야 할 부분이 퇴사 후 감당해야 할 정서적 문제다. 30년을 일하든, 20년을 일하든, 몇 년을 일하든 누구나 언젠가는 퇴사한다. 그 이후 감정은 어떨까? 퇴사 후 먹고 사는 경제적 문제는 앞에서 살펴봤고 이번에는 정서적 부분을 들여다보자.

얼마 전 한 글로벌 기업의 전직 임원을 만났다. 작년에 퇴사한 그분은 한 직장에 입사해 30여 년 일하고 여성 임원까지 해낸 훌륭한 분이다. 오랜 조직 생활을 마친 후 휴식보다는 자신의 성향에 맞게 사회에 기여하는 역할을 하고 싶다고 했다. 물론 퇴사한 첫해인 작년에는 여유로운 시간을 가졌지만 집에만 있었더니 '백수의 과로사'가 무슨 의미인지 알 수 있었다고 말했다. 오랜 직장생활을 마치자 마음속에는 다양한 감정의 파도가 밀려왔다고 한다.

우리나라 대표 전자회사 두 곳에서 각각 20년, 15년 근무하고 최근에 퇴사한 두 분을 같은 자리에서 만나 퇴사 후 정서적 문제에 대해 의견을 나눌 기회가 있었다. 두 분과 함께 맞장구를 치며 퇴사 후 공허함, 삶의 의미, 미래에 대한 불안감 등 감정적 이슈를 나눴다. 자의든 타의든 퇴사라는 의사결정까지 수많은 감정의 굴곡을 넘어 나름대로 준비하고 나왔지만 맞닥뜨리는 부분은 생각해보지 못했다는 사실에 우리는 공감했다.

퇴사 후 바로 이직하는 경우에는 정서적 문제의 영역이 다를 수 있다. 새로운 조직에 적응하고 새로운 업무 또는 유사한 업무를 이어나가는 과정에서 발생하는 감정이다. 퇴사 후 조직이 아닌 자신의 삶으로 돌아온 경우는 어떨까? 조직생활을 마치고 다시 조직으로 돌아가지 않는 퇴사 이후 삶에서 가장 먼저 올라오는 감정과 그 안의 욕구는 무엇일까? 감정의 덩어리를 살펴보고 근원을 파헤치면 그 속에는 인간의 근원적인 욕구가 있다. 바로 '소속의 욕구'다. 욕구 단계설로 유명한 미국의 심리학자 에이브러햄 매슬로(1908~1970)가 주장한 세 번째 단계가 사회적 소속의 욕구다. 첫 번째 단계는 생리의 욕구이고 두 번째는 안전 욕구인데, 매슬로는 이러한 기본 욕구 바로 다음을 소속의 욕구로 구분했다.

'소속감의 상실'이라는 정서적 문제로 혼란스러워지는 이유에 대한 답이 심리학자의 학문적 연구에 근거한다고 생각해보기도 전에 우리 마음에서 먼저 올라온다. 왜일까? 그만큼 자신에게 중요하다는 의미다. 감정은 우리에게 무엇이 중요한지 알려주기 때문에 소중하다. 소속감은 자신을 지켜주고 자신의 존재도 말해줬다. 그런데 이제 조직에서 나왔다. 지금부터는 스스로 이 문제를 감당해야 한다. 하지만 처음 해보는 경험이라 서툴고 불편하다. 배우자 또는 자녀와 관계가 원만하지 못하고 친구 관계까지 소원하다면 더 힘들다. 이로 인해 삶의 다른 영역까지 정서적 영향이 미친다. 어찌 보면 퇴사 후에는 태어나서 처음으로 사회적 소속이 사라지는 경험을 한다. 학창 시절에는 학교라는 공식적인 소속이 이어졌고 입사 후에는 회사라는 울타리가 소속이 돼주었다. 퇴사 후에는 조직이 아닌 삶에서, 스스로 삶으로 다시 떠올라야 한다.

대부분 자기계발서에서 이 부분을 해결하기 위해 동일한 질문을 던지라고 조언한다. 원초적이고 철학적 질문인 '나는 누구인가?'이다. 한 걸음 더 나아가서 '조직에서 나온 나는 그래서 누구인가?'라는 질문에 스스로 답하라고 말한다. 이때 자신에 대해 깊게 생각해볼 시간을 비로소 갖게 된다.

벌써 몇 년이 지났지만 첫 직장을 그만뒀을 때 생애 처음으로 소속이 사라지고 느끼는 감정은 다른 퇴사자들 상황과 유사했다. 초반에는 부정적인 생각에 휩싸여 스스로 힘들게 했다. 관점을 바꾸고 긍정으로 돌아섰다. "아, 이런 거구나. 이런 감정이 드는구나. 누군가는 50세가 넘어서 또는 60세가 넘어서 경험하는 걸 나는 미리 경험할 수 있네." 건강한 전환점을 마련하고 내가 누구이며 어떤 사람인지, 내가 하고 싶은 것들을 적어나갔다. 내가 살고 싶은 삶을 그려나갔다. 여전히 실행 중이지만 그 과정이 없었다면 여전히 삶으로 다시 떠오르지 못하고 있을지도 모른다.

조직생활을 할 때는 수많은 문제를 해결하고 쏟아지는 업무를 처리하느라 시간과 여유가 없다. 열심히 일했을 뿐이다. 그러나 조직은 퇴사 후 삶을 돌아보도록 배려해주기 어렵다. 언젠가는 그런 문화가 정착되기를 희망하지만 시간이 더 필요하다. 이 글을 통해 조직에 있는 직장인이 짧은 간접체험을 하며 '조직이라는 소속이 자신에게 어떤 의미인지' '자신에게 어떤 감정을 주는지' 생각해보길 권한다. 또한 '조직의 안과 밖에서 각각 나는 누구인지' 먼저 살펴보길 희망한다. 미리 생각해보는 것은 무언가를 준비하는 데 도움이 된다. 다만 긍정적인 생각이어야 한다.

나에게 다시 던지는 셀프코칭(self-coaching) 질문

- 퇴사한다면 '퇴사 후' 나의 감정은 어떨까?

- 퇴사 후에 존재로서 나는 어떤 사람일까?

- 현재의 조직에서는 나는 어떤 사람인가?

퇴사는 도전일까, 도피일까?

나는 왜 퇴사를 원하는가?

"지난 수년간 '이 일이 진정 나의 일인가?'에 스스로 답하지 못했습니다."

여러 차례 사직서가 반려된 후 마지막에 쓴 퇴사 사유다. 진심이기도 했지만 속으로는 냉철한 현실의 채찍이 차갑게 날아들었다. 솔직히 자신에게 잘 맞는 이상적인 직업을 갖고 있는 직장인이 얼마나 될 것이냐는 반론이었다. 이미 여러 번 수긍하고 다른 한편의 마음을 설득하기 위한 용도로 사용했다. 그러나 나는 많이 지쳐 있었다. 가까스로 버텨내고도 더 버틸 수 있을 거라는 희망고문은 내 마음 어느 곳도 어루만져주지 못했다. 계획했던 의지는 철저하게 빗나갔고 더 이상 앞이 보이지 않았다. 그렇게 퇴사했다.

퇴사는 도전일까, 도피일까? 개인마다 다르기 때문에 해답은 스스로가 갖고 있다. 다만 퇴사를 고민하는 시점에 몇 가지 질문이 자신의 혼란을 이해하는 데 도움이 될 수 있다. 가장 중요한 질문은 퇴사를 원하는 이유에 관한 것이다.

"나는 왜 퇴사를 원하는가?" 마음속에 꿈틀대는 오랫동안 꿈꿔왔던 가슴 떨리는 무언가가 있고, 실현하기 위해 계획을 확고하게 세웠는지가 중요하지 않을까. 그렇다면 도전이다. 그러나 다른 이유를 자신의 마음에 던졌을 때 분명하게 받아들이기 불편하다면 도피다. 물론 이루고 싶은 바가 높은 연봉일 수 있다. 지금의 연봉으로 이렇게 많은 일을 이 정도로 열악한 환경과 처우에서 해내기 어려운 현실이 도처에 있다. 일 가치(Work Value)의 기준은 개인의 가치관과 같이 서로 다르겠지만 그에 따른 질문에 답할 자신이 없다면 도피일 가능성이 크다. 또한 퇴사를 합리화시킬 만한 절절한 사연을 갖고 나를 설득하고 있을지도 모른다. 도전이든 도피든 여기만 아니면 된다고 말이다.

'여기보다 더한 지옥이 있겠어?'라며 오늘도 동료들과 퇴사를 논하곤 한다. 나름의 자기합리화를 마쳐도 다시 자리로 돌아와서 일한다. 하긴 한다. 적당히. 적당히 일하는 기술도 필요하다. 좀 더 괜찮은 방법은 없을까? 조금이라도 더 만족스럽게 할 순 없을까? 직장생활을 의미 있게 만들 수는 없을까? "그렇게 회사 다니는 사람이 몇 명이나 있겠어요? 그냥 다니는 거죠, 뭐." 내가 직장인 후배들을 만나 던진 질문에 돌아온 공통된 답변 중에 하나다. 그냥 그렇게 잘 버티는 것도 치열하고 피로한 현대사회에서 필요한 덕목이다.

나는 퇴사를 경험한 입장에서 이렇게 말하고 싶다. "직장생활을 의미 있게 만들려는 관점 전환이 이상적인 직장을 찾는 것보다는 쉽고, 이 길로 가는 과정이 직장생활의 내공(內功)을 쌓는 것이다." 한 직장인 후배가 말한 그냥 다니는 능력 역시 내공이다. 그러나 전략을 갖고 내공을 쌓는 것과 그냥 시간을 흘려 보내며 나름의 내공이라고 축적하는 것은 후에 크게 달라질 수 있다. 진짜 내공이 아닌 스스로 내공이라고 믿었던 허공(虛空)의 외침이 될 가능성이 크다.

자신의 퇴사 고민에 도움을 받는 중요한 방법 중에 하나는 이처럼 퇴사 경험자의 말을 들어보는 것이다. 이는 '회사는 전쟁터이고 회사 밖은 지옥'이라는 드라마 명대사의 진위 여부를 간접 체험해 볼 수 있는 기회다. 직접 도전하기에는 리스크가 너무 크지 않은가.

내가 다닌 첫 직장은 대기업이었다. 대기업이라는 타이틀은 괜한 염증만 유발한다. 그냥 괜찮은 회사에 다녔다고 말하면 만족한다. 왜냐하면 요즘 퇴사 이야기는 흔하고 안정된 대기업을 박차고 나온 사람들이 수두룩하다. 나 역시 그 중 하나다. 그렇다고 회사나 조직에 적응을 못 해서 나온 건 아니다. 몇 개월 또는 1, 2년 근무한 것이 아니고 6년간 다녔다. 직장생활을 하는 동안 대형 프로젝트와 중책을 맡으며 지속적으로 성과를 냈고 여러 차례 수상(受賞)도 하며 인재로 인정받았다. 그러나 나는 스스로 내공이라고 믿었던 허무한 착각의 가장 큰 피해자로 결국 번아웃(Burn out)되었다.

나는 첫 직장을 그만두고 경영대학원에 진학했다. 기업경영의 성공과 실패에 대해, 조직과 인재의 거시적, 미시적 거동에 대해 케이스 스터디를 하며 많은 직장인들을 만났다. 리더십과 코칭이라는 세부 전공을 통해 새로운 관점으로 직장생활을 다시 봤다. MBA 과정이기 때문에 경영을 함께 경험하고자 카페를 인수했고 그곳에서 학생과 직장인들에게 코칭을 하며 많은 대화를 나눴다. 대학원을 마치고 다른 조직을 경험하고 싶어 두 번째 회사에 입사했다. 그리고 두 번째 퇴사를 경험했다. 프로세스가 효율적일 때 입력(Input)이 많으면 출력

(Output)이 증가하거나 결과물의 성과가 좋다. 같은 이치일지 모르겠지만 수많은 고민을 입력한 퇴사 경험자로서 퇴사 고민자인 직장인에게 이 글을 통해 전하고 있다.

다시 자신에게 물어보자. 내가 고민하는 퇴사는 도전일까? 도피일까? 나는 왜 퇴사를 원할까?

나에게 다시 던지는 셀프코칭(self-coaching) 질문

- 나는 왜 퇴사를 원하는가?

- 내가 생각하는 퇴사의 이유가 감당하기 어려운 문제인가?

- 퇴사를 위해 준비하는 것이 있는가?

퇴사 후에 필요한 역량

역량도 방향이 중요,

퇴사 후 바라본 성과의 의미

퇴사 전에 바라본 성과는 조직 구성원으로서 당연히 받아들이는 요소 중 하나였다. 성과를 내야 인정받는 것 같고 성과를 통해서 나를 말하고 드러내고 싶었다. 그러다 문득 입사 후 5년의 시간을 돌아보는 시점에 회사만 좋은 일 시키는 건 아닌가 하는 간사한 생각이 들었다. 때때로 사람 마음이 그런지 내가 받는 급여에 비해 과도한 헌신을 하며 성과를 내는 건 아닌지 슬그머니 의문이 피어올랐다. 때로는 더 열심히 해봤자 성과에 차이가 없다는 생각마저 들기도 했고 직장생활의 의욕이 차츰 소멸하기 시작했다.

회사와 조직에서 성과를 내라고 요구한다. 성과를 내지 못하면 미래를 기약하기 어려운 조건들을 내세운다. 입사 초기야 업무를 익히고 실수하지 않으려 노력하면 되지만 연차가 쌓이면 경력에 맞는 성과를 보여줘야 한다. 회사라는 경영체는 사람이 모여서 함께 일을 하고 성과를 내서 이윤을 창출하는 곳이라는 것을 알지만, 또한 알고 입사했지만 시간을 더해 갈수록 초심을 지키기 쉽지 않다. 꾸준한 성과 창출이 어렵다. 적당히 하고 싶다. 나름대로 열심히 한다고 하는데 힘들고 지친다. 성과를 어떻게 바라봐야 할까?

성과(成果)의 사전적 의미는 '이뤄낸 결실'이다. 이 과정과 결과에서 얼마나 보람을 느끼느냐에 따라 성취감이 달라질 테지만, 요새 성취감을 어떻게 찾아야 할지 고민인 직장인들이 많다. 보람 따위는 됐고 오히려 어떻게 하면 직장 내에서 이상한 사람들로부터 자신을 지킬 수 있을지에 관심이 많다. 물론 기본적으로 스스로 자신을 보호해야 하는 것은 맞지만 조직에서 성과는 중요하다. 구성원으로서 여러 가지 평가를 받아야 하는데 성과를 통한 평가는 피할 수 없기 때문이다. 회사와 조직의 생리를 이해한다면 비용으로 환산할 수 있는 성과는 직장생활에서 떼려야 뗄 수 없는 요소다.

성과의 함수와 역량(Competency)

성과 P = f(역량, α) + c(의욕, 사고방식…)

역량 = 혼자 잘하는 역량 + 누군가와 함께 잘하는 역량

성과의 함수에서 가장 중요한 변수는 역량이다. 다양한 상수로써 의지, 열정 등이 있지만 무엇보다 중요한 건 역량이라는 개념이다. 역량은 크게 두 가지로 구분할 수 있다. 혼자만 잘하는 역량과 누군가와 함께 잘하는 역량인데, 각각은 반복되는 개인 직무와 팀 프로젝트로 비유할 수 있다. 회사는 두 가지를 모두 요구하고 연차를 더해갈수록 후자를, 후자를 잘하게 만드는 능력인 리더십을 높이 평가한다. 또한 성과의 개념 자체를 회사라는 경영체의 관점으로 해석할 때 성과는 '목표달성 역량'을 말한다. 조직 구성원 개인으로서 또는 팀으로 목표를 달성하는 것이 성과를 내는 일이다. 이렇게 개념을 살펴보는 이유는 각각의 의미를 세세하게 분해해서 볼 때 다시 집중해야 할 부분을 찾고 중요하게 생각해 몰입할 수 있기 때문이다.

퇴사 전에는 이런 생각을 해볼 겨를도 없고 그조차 낭비라고 생각하는 사고의 프로세스가 구축됐다. 하지만 퇴사 후에 스스로 성과를 내야 하는 상황이 닥치자 경험했던 개념이 달리 보였다. 퇴사 후의 성과는 보통 그 전 직장에서의 조건보다 나아졌느냐를 먼저 따진다. 높은 연봉을 받고 이직했거나 사업가로서 성공했거나 사회적으로 유명해졌는지를 본다. 실제 퇴사 후 느끼는 것이 수없이 많지만, 성과 측면에서 본다면 퇴사 후 상황을 위에서 살펴본 성과의 함수에 대입해볼 수 있다. 하지만 결과는 비슷하다.

퇴사 후에도 여전히 중요한 변수는 역량이다. 자신에게 던지는 중요한 대표 질문이 '회사를 떠나서 나는 무엇을 할 수 있을까'이듯이 자신의 역량이 핵심이다. 큰 차이점은 '역량의 방향'이다. 무엇을 위한 역량이고 무엇을 향한 역량인지 반드시 자신에게 물어야만 다른 질문들에도 답하며 앞으로 나아갈 수 있기 때문이다. 회사에서는 회사와 조직에 의해 주어지는 목표를 향해 역량을 발휘하면 되지만 퇴사 후에는 자신이 목표의 방향과 수준을 결정해야 한다. 퇴사 후에야 비로소 정한다면 혼란스럽고 방향을 잡기 어렵다. 따라서 조직에 있을 때 고민해야 한다. 누구나 언젠가는 떠나는 회사다. 실제로 떠난 후에 어떤 성과를 내고 싶은지 생각해볼 필요가 있다.

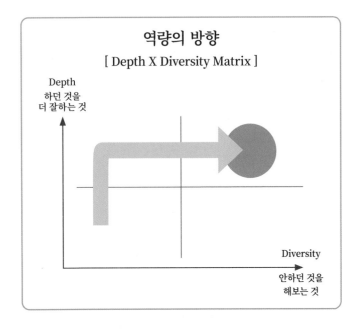

이것은 아주 큰 질문이다. 불편해서 회피하거나 부정으로 맞선다면 나중을 기약하기 어렵다. 어렵겠지만 부딪히고 고민해야 세부적인 질문과 막연하더라도 몇몇 대안을 떠올려볼 수 있다. 퇴사 후에 무엇이 되고 싶은지가 아니라 무엇을 하고 싶고 무엇에서 어떤 성과를 어떻게 낼 것인지 자기만의 프로젝트를 가동해야 한다. 지금 조직 참여도 중 여분의 에너지를 활용한다면 충분히 시작할 수 있다. 지금도 충분히 힘든데 그럴 여유가 어디 있냐고 말할 수 있다. 하지만 퇴사 후에는 더 가혹하게 힘들다.

나에게 다시 던지는 셀프코칭(self-coaching) 질문

- 조직에서 성과를 잘 내기 위해서 내가 집중해야 할 부분은?
- 나의 역량을 외부로 향한다면 무엇을 하고 싶은가?
- 퇴사 후에 내고 싶은 구체적인 성과는 무엇인가?

퇴사 후 생활도

열정 없으면 못 버틴다

자기소개서에 직접 쓴 입사 후 포부는 입사 초기에 발휘한 열정에 의해 잠시 그 모습을 드러낸다. 그러나 연차가 쌓일수록 포부는 다시 단단히 감싸이며 안에 있는 내용물은 다른 형태로 변해간다. 초심과 다르게 흘러가는 시간을 향해 내뿜는 한숨이 입사 후 열정을 식힌다.

첫 직장에서 매일같이 야근하며 일했다. 부정적인 생각이 들면 그 끝은 회의(懷疑)로 가득 찬 절망이었다. 계속 일해봤자 일만 하다 돌아가신 가장, 아버지처럼 될 것만 같았다. 그래도 이겨냈다. 내가 다시 가장이었기 때문에 나는 포기는 절대 하지 않았다. 4년이 흘렀다. 정신을 차리고 보니 시간이 빠르게 흐르고 있었다. 정신을 차렸지만 내 눈은 초점이 맞지 않는 흐릿한 렌즈 같았다. 회사의 부속품처럼 일하고 주말이면 5시간 거리의 집으로 향했다. 주말에 다시 회사에 불려 나오기도 수십 번을 반복하며 시간을 보냈다. 나는 어느새 대리로 승진했다. 그리고 2년을 더 일하고 첫 직장을 그만뒀다.

입사 후 열정을 바라보며 퇴사 후의 열정을 회상한다. 퇴사 후의 열정은 다를까? 퇴사 후 1년, 나는 작은 카페를 인수하고 경영하며 경영대학원에 다녔다. 카페를 인수한 건 서른 살이 넘어 집에서 용돈을 받을 수 없었기 때문이고, 대학원에 진학한 건 전공을 바꾸기 위해서였다. 실전 경영수업까지 함께 할 수 있었다. 6년의 기간으로 정산된 퇴직금은 카페 인수 비용과 학자금으로 충당되었다. 모든 투자는 자발적이었고 투자금은 자가 충당했다. 목적은 미래를 향했고 다시 일하기 위해서였다. 태어나서 처음으로 하고 싶은 공부를 해서 그런지 재미있었다.

퇴사 후 2년, 카페 2호점을 열었다. 작은 경영이지만 실전 수업의 폭을 확대하고 싶었다. 창업을 경험하고 창업 지식을 정리했다. 경험이라는 훌륭한 지식을 축적해 나갔다. 우여곡절이 있었지만 2호점을 일정 궤도에 올려놓은 뒤 양도했다. 그 사이 누군가에게 도움을 주기 위해 강사 활동을 시작했다. 사실 요즘은 퇴사 후 치킨집이 아닌 강사가 유행이다. 진입장벽이 낮지만 살아남기는 처절하게 어렵다. 자신을 보호해주는 조직이 없는 상태에서 살아남아야 한다. 직장이 없더라도 수익을 발생시켜야 하며 계속되는 도전을 기꺼이 받아들이며 늘 평가받아야 한다. 강사로서 역량을 향상하기 위해 창업한 카페에서 무료 강연을 시작했다. 한 명이 오더라도 혹은 아무도 오지 않더라도 6개월 동안 강의를 계속했다. 교육업으로 일의 영역을 전환하기 위한 작은 시도들을 이어갔다.

퇴사 후 3년, 대학원 졸업 시점에 두 번째 회사에 들어갔다. 전공을 바꾼 덕분에 하고 싶은 일의 분야로 재취업이 가능했다. 물론 내가 내려놓은 것이 많지만 내려놓고 나면 욕심이라는 초기 기준은 봄에 눈 녹듯 녹았다. 힘겨운 과정으로 업(業)을 바꿨지만 다시 직장인이 되었다. 일하고 싶은 분야에서 일하고 새로운 것을 주도적으로 배우고 만들어 간다는 느낌이 강하게 들었다.

퇴사 후 마련한 인생의 방학을 안식년처럼 사용했지만 열정을 새롭게 발휘하기 시작했다. 퇴사 후의 열정이다. 입사 후의 열정 또는 퇴사 전에 열정과는 달랐다. 온도는 모두 높았지만 열정의 주도성이 달랐다. 열정의 온도는 높을 수 있지만 얼마나 오래가느냐가 중요하다. 열정을 발휘할 목적을 자신이 분명하게 인지하고 유지해야 오래간다. 열정에도 끈기가 작용하는 셈이다. 퇴사 전에도 이를 알았다면 직장생활이 조금은 달랐을 것 같다. 열렬(熱烈)한 애정(愛情)을 의미하는 열정(熱情)을 쉽게 불태우는 것도 지속 가능하게 만드는 것도 주체는 자신이다.

퇴사 후 다양한 길을 선택할 수 있다. 손쉽게 내가 만족할 만한 퇴사 이후의 삶을 결정하면 좋겠지만 쉽지 않다. 현실이라는 혹독한 장벽과 회사 밖은 지옥일 것이라는 두려움을 떨쳐내기조차 어렵다. 퇴사 후에도 이어지는 삶을 어떻게 살지, 늦은 탐색을 퇴사 후 3년간 실행했다. 여러 사례 중에 하나가 되겠지만 이 또한 직장인이 살펴볼 수 있는 탐색이다. 다른 경험이지만 미리 경험해본 사람의 이야기를 관심을 갖고 들어보는 것은 가능성을 높여준다. 지금 당장 퇴사를 결정하고 탐색하라는 말이 아니라 현명한 관점을 가지면 좋겠다. 직장 밖 이야기를 호기심을 갖고 들어보고 직장 내 고수들을 관찰하며 성장하며 언젠가는 다가올 퇴사를 준비해야 한다. 현실의 부정적인 부분을 보며 불가능을 탐색하기보다는 다양한 사례를 보며 자신을 비추어보는 것이 지혜라고 생각한다.

시간은 어차피 흐른다. 퇴사 후의 열정을 발휘하고 퇴사 전과 비교하며 직장인의 현명함은 무엇일지 생각해본다. 직장에서도 열정을 발휘할 목적을 자신이 분명하게 인지하고 유지해야 오래가고 자신에게 도움이 될 것이다. 지금의 시간도 자신에게 도움이 되도록 만들길 바란다.

나에게 다시 던지는 셀프코칭(self-coaching) 질문

- 입사 당시 나의 열정이 10이라면 지금의 열정은?
- 나의 열정의 끈기는 1부터 10까지 중 얼마나 되는가?
- 퇴사 후에 내가 발휘할 수 있는 열정은 어느 정도인가?

직장인의 사람 스트레스,

퇴사 후에 만나면 다르다

모일 회(會)에 모일 사(社), 회사(會社)는 사람이 모여 일하는 곳이다. 경험하는 형태는 회사의 규모에 따라, 업의 종류에 따라 다를 수 있지만 그 안에서 일하는 존재는 사람이다. 그들을 직장인이라고 부른다. 직장인이 일상에서 가장 많이 만나는 대상 역시 직장인이다. 재직 중일 때 만나는 직장인은 상사, 팀원, 타 부서 혹은 고객사의 직원이다. 우리는 그들을 어떻게 보고 있을까. 어떻게 하면 나를 지킬지, 어떻게 해야 내가 덜 상처받을지 늘 고민하고 있진 않을까.

방어는 필요하지만 방어 모드만으로 자신을 지키는 데는 한계가 있다. 타인 역시 사람이다. 내가 세운 방어벽은 상대에게도 보인다. 직장에서 늘 보는 사람들에게 대단한 감흥을 느끼기는 어렵지만 적으로 설정하고 공격하거나 방어한다면 슬픈 전리품만 안고 퇴사할 것이다. 조직문화가 해결해주면 좋겠지만 먼저 자신의 관점과 자세를 살피는 것이 지혜로운 방법이다.

퇴사 후에 바라본 직장인과의 만남은 달랐다. 우물을 벗어나면 우물 안 개구리였던 자신의 모습을 보거나 새롭게 펼쳐진 더 큰 세계를 만나서 놀란다. 대학에 들어갈 때 그랬고 졸업 후 입사할 때 또 하나의 우물을 벗어나며 느꼈던 것처럼 말이다. 나는 회사 밖으로 나와서 많은 직장인들을 만났는데 교육업으로 일의 분야를 바꿨기 때문에 만나는 대상이 훨씬 다양했다. 사원부터 임원, 사장까지 직위가 다른 직장인들을 서로 다른 업종에서 접하며 느낀 점이 많다. 만남의 과정과 경험에서 얻은 것들을 직장인들에게 도움이 되는 글로 회상해본다.

퇴사 후에 만난 직장인들을 떠올리자 퇴사 전 만남의 기억들이 앞질러 흐른다. 첫 직장에서 신입사원 교육을 마치고 부서로 배치되어 부장실 의자에 앉았다. 실무에서 처음 만난 직장인은 부장이었다. 그분은 긴장한 내게 숨을 고를 수 있는 시간을 주고 이렇게 말했다. "결국에는 인간적인 매력이 중요한 것 같아요." 조직에서 요구하는 성과가 사람이 모여서 하는 일의 매력을 통해서 달성되었기 때문인지 그분은 계속해서 승진을 이어갔고 지금도 임원으로 일한다. 단기기억으로 가볍게 넘길 수도 있었지만 사회생활의 시간을 더해가자 그 말은 힘을 발휘했고 장기기억으로 저장되었다

부장실에서 나와 팀에 합류했다. 두려움이 밀려왔다. 그곳에는 인정받으며 일을 잘하는 대단한 사람들이 가득했다. '이 안에서 내가 잘 적응하고 인정받으며 성과를 낼 수 있을까?' 잘못된 관점은 마음을 갉아먹었다. 생각을 바꿔야 했다. 관점을 고치자 만나는 사람들이 달리 보였다. 그들은 두려움의 대상이 아닌 분석을 잘하는 선배, 보고서를 잘 쓰는 대리, 보고를 잘하는 과장, 대인관계 능력이 훌륭한 차장이 되었다. 조직 내에서 각자를 여러 영역에서의 롤모델로 삼았고 때로는 찾아가 배움을 요청했다. 그러자 직장생활이 달라졌다. 지금의 조직에서 만나는 타인들을 어떤 관점으로 바라볼지는 스스로의 성장에 큰 영향을 미친다.

두 번째 직장인 기업교육 회사에서 고객으로 만난 직장인은 한 기업의 본부장이었다. "제가 여기까지 올라올 수 있었던 비결은 최종 보고 전까지 수시로 보고 내용에 대해 조금씩 언급한 겁니다. 점심시간에, 상사와 대화할 기회가 있을 때, 회식 때 말이죠." 그는 흐뭇한 기억을 회상하며 말을 이었다. "그랬더니 실제 보고할 때는 별다른 어려움 없이 일을 진행할 수 있었어요." 과정에서의 작은 노력들이 과정을 순조롭게 만들고 결과물의 완성에 기여하는 기회라고 볼 수 있다.

퇴사 후에 만난 직장인 중 가장 인상적이었던 사람은 모 기업의 부회장까지 오른 사람이다. 여러 차례의 만남은 부회장이라는 결과물이 아닌 그 자리까지의 마중물이자 내용물인 그분의 직장생활을 만날 수 있는 기회였다. 한번은 아내 분과 함께 인터뷰하는 자리였는데 남편의 장점을 묻는 질문에 감명 깊은 말씀을 하셨다. 남편이 직장생활을 하는 동안 퇴근해서 집에 들어올 때 단 한 번도 얼굴을 찡그리며 들어온 적이 없다고 하셨다. 늘 행복한 얼굴로 돌아왔다고 했다. 30년 가까이 직장생활을 하며 회사에서 얼마나 많은 일들이 있었을지는 누가 봐도 동의할 것이다. 그럼에도 불구하고 집에 들어오기 전에는 집에서 기다릴 가족을 위해 다시 마음을 가다 듣고 활짝 웃어 보기도 하셨을 것이다. 물론 어렵고 힘든 일이 있었다면 깊은 대화를 할 시간을 갖고 조용히 서로 마음을 나누며 의지하셨을 것 같다. 사회생활을 하며 부딪히고 겪는 수많은 감정의 파도를 헤치고, 일과 사람과의 전투를 치러도 퇴근하고 집에 들어올 때만큼은 활짝 웃자고 다짐하시고 실천하신 게 아닐까 생각한다.

회사 안에서든 밖에서든 사람을 만난다. 그들을 어떻게 바라보느냐에 따라 직장생활과 스스로의 성장이 달라질 수 있다. 좋은 생각과 넓은 관점의 가장 큰 수혜자는 자기 자신이 될 것이다. 다른 관점으로 조직과 조직 구성원을 바라보는 연습을 해보자. 건강한 생각이 들어온다면 이미 반은 성공이다. 오늘 퇴근길부터는 현관문 앞에 잠시 서서 가장 행복한 모습으로 활짝 웃고 들어가 보는 건 어떨까.

나에게 다시 던지는 셀프코칭(self-coaching) 질문

- 직장에서 나는 동료들을 주로 어떻게 바라보는가?
- 지금 내가 회사와 동료를 바라보는 관점은 어떤가?
- 지금 내가 가진 관점은 나에게 어떤 도움이 되는가?

퇴사 후 떠난 여행,

그다음에는?

일 년 중 직장인이 가장 기다리는 기간은 여름휴가다. 늘어나는 업무량에도 휴가를 생각하며 힘을 더 내거나 눈을 질끈 감는다. 연차 하루만 내도 기분이 좋은데 일주일에서 열흘가량 일터를 떠나 여행을 가는 건 어쩌면 일 년을 버티게 해주는 원동력일지도 모른다. 이렇게 좋은 여행을 더 긴 기간 동안 자유롭게 갈 수 있다면 얼마나 좋을까? 특별한 휴가 제도가 있는 회사라면 가능하겠지만 보통은 퇴사해야 경험할 수 있는 시간일 것이다. 퇴사를 꿈꾸는 직장인은 퇴사 여행을 통해 그 꿈을 꾸지만 현실에서 퇴사는 함부로 할 수 있는 것이 아니며 섣불리 퇴사해서도 안 된다.

직접이 아닌 간접 경험이라도 해보고 싶어 퇴사 여행을 떠난 사람들의 이야기를 접한다. 관련된 스토리나 기사를 읽어 내려가면 부러운 마음이 커진다. 여행을 만끽하는 자유롭고 여유로운 모습의 사진을 감상하며 잠시 대리 만족한다. 다른 직장인들은 어떻게 보고 있는지 궁금해서 기사의 댓글로 눈이 간다. 퇴사 용기에 대한 박수와 응원의 댓글이 일부 보이지만 가장 많은 공감을 받은 베스트 댓글은 '퇴사 여행, 그다음이 없어'이다. 쉽게 선택할 수 있는 문제가 아니기 때문에 누군가의 용기보다는 오히려 퇴사 여행에 관한 이야기가 퇴사를 조장하는 건 아닐까 하는 반감이 생기기도 한다. 사실 무엇보다 퇴사자의 여행 후가 궁금하다. 퇴사 후 여행을 떠났던 많은 사람들은 지금 무엇을 하고 있을까?

퇴사 여행 이후의 모습은 모두 제각각일 것이다. 다양한 사례를 접하며 자신의 미래 계획에 참고하는 것은 좋겠지만, 쉽게 해답을 찾기 어려운 퇴사 이후의 삶에 대해 맞춤형 정답을 요구하는 것은 도움이 되지 않는다. 관점을 달리하고 질문을 바꿔야 한다. '퇴사 여행 후, 그다음에는?'보다 좋은 질문은 '그들은 퇴사 여행에서 무엇을 얻고 돌아올까?'이다.

첫 직장을 그만둘 때 바로 퇴사 여행을 계획하지 않았다.

두려웠다. 여행을 갔다 온다고 갑자기 무엇이 달라지거나 희망찬 미래가 열릴 것 같지 않았다. 답답한 마음에 퇴사 여행을 다녀온 사람들을 만났다. 그들은 퇴사 여행을 통해서 지친 마음을 달래고 앞으로 나아가기 위해 잠시 멈췄다. 새로운 풍경을 보고 다양한 사람들과 삶을 마주하며 떨어져 나간 자신의 영혼을 다시 채우기 시작했다. 자신을 채우는 일이 먼저고 그 일이 절실하게 필요했기 때문에 충분히 확보해야 하는 시간이라는 사실을 퇴사 후 1년 반이 지나 떠난 여행을 통해 알게 됐다. 하지만 반드시 퇴사 여행을 통해 얻을 수 있는 것만도 아니라는 생각도 들었다. 미리 경험한 사람들의 이야기를 들어보고 현실에서 선택 가능한 대안을 찾아보는 것이 현명한 방법이다.

퇴사 여행에서 얻어야 할 가장 중요한 건 바로 삶에 관한 것이다. 현대 사회에서 인간에게 일이 필요하겠지만 삶이 먼저다. 삶 안에 일이 있다. 일에 지치고 일터에서 상처를 받았다면 일과 일터를 바라보기보다는 삶을 살펴봐야 한다. 우선은 자신만을 위한 시간을 오롯이 보내고 다시 살아갈 힘을 내야 한다. 무엇보다 중요한 건 지금의 걱정이기보다는 앞으로의 삶을 살아갈 의지와 용기다.

퇴사 여행에서 얻어야 할 두 번째는 자신에 대한 충분한 공감과 이해다. 인정받기 위해 때로는 치열하게 살아남기 위해 앞만 보고 달렸기 때문에 자신을 돌아볼 여유가 없었을지도 모른다. 첫 직업과 직장을 선택할 때 역시 중요한 것이 자신에 관한 것들인데 그때는 제대로 점검해볼 시간이 없었거나 경험이라는 재료의 양이 부족했을 수도 있다. 그러나 경험이라는 내용물이 증가했음에도 자신에 대한 이해와 공감이 부족한 이유는 여전히 앞만 보고 달렸기 때문이다. 스스로 시간을 마련했다면 자신에 대해 깊게 생각해볼 수 있어야 한다.

　세 번째로 얻어야 할 것은 스스로를 조절할 수 있는 힘이다. 다시 마주하는 냉혹한 현실에 대응하기 위해서는 자신이 변화해야 한다. 또다시 입사와 동시에 퇴사를 꿈꾸는 변화보다는 새로운 힘이 필요하다. 조절하는 힘이 퇴사 후에도 계속되는 삶을 다르게 전환시켜 줄 것이다. 조절하는 힘은 외부로부터 나오지 않는다. 내부에서 삶의 의지와 용기, 자신에 대한 공감과 이해가 바탕이 돼야 생기는 능력이다.

　만약 퇴사 여행을 계획하고 있다면 이 글을 참고하여 여행에서 더 많은 것들을 얻고 오길 바란다. 물론 그보다는 퇴사 여행을 하기 위한 퇴사를 막는 것이 우선이고 바람이다. 퇴사 여행을 한다고 해서 지금의 모든 문제가 해결되지도 않는다. 더 현명한 관점은 퇴사 여행에서 얻어야 할 것들을 퇴사여행 경험자를 통해서 듣고 각자의 보통 여행에서 얻으려는 자세다. 굳이 퇴사 여행에서 얻어야 할 필요는 없다. 인생이라는 여행에서 다른 방법으로도 충분히 가능하다.

나에게 다시 던지는 셀프코칭(self-coaching) 질문

- 퇴사 후 여행을 간다면 가장 얻고 싶은 것은 무엇인가?

- 퇴사 여행 후에 무엇을 하고 싶은가?

- 여행을 통해 얻고 싶은 것을 다른 방법으로 할 수는 없는가?

불평만 할 것인가,

역량을 갖출 것인가?

'역량중심사회'에 직장인에게 필요한 '역량'을 살펴봤다. 이제 '퇴사를 결심하는 당신, '나의 역량'을 객관적으로 정의하라'에서 [역량 x 선호도] Matrix를 통해서 정리한 자신의 역량에 더 필요한 역량을 더해보자. 아래의 Matrix에 다시 다른 색으로 앞으로 갖춰야 할 역량을 새롭게 표기해보자.

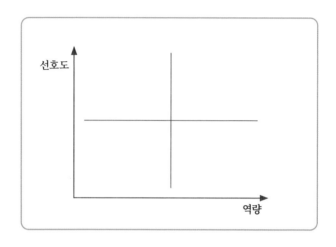

책을 읽으며 자신에게 필요하다고 생각한 역량을 떠올려
보거나 책의 목차를 다시 펼쳐보며 연결해도 좋다. 또 검색을
통해 다양한 역량의 종류를 참고해서 추가하는 방법도 있다.
이해하는 것을 넘어서 실행하고 실천으로 지속하기 위해서는
이러한 정리가 매우 중요하다. 이 또한 중요한 역량이다.

자신에게 더 필요한 역량을 표기했으면 다음으로 다양한
역량을 그룹으로 묶어보자. 어떤 유형의 역량군(Competency
cluster)인지 그룹화하는 것이다. 예를 들어 직무 역량, 관계 역
량, 리더십 역량으로 나눌 수 있다. 그러나 사전적 그룹명에

의한 그룹화가 중요한 건 아니다. 다만 이렇게 그룹으로 묶어 보는 이유는 더 필요한 역량이 있는지 상위 개념으로 보기 위해서다. 다음 단계에서는 자신에게 필요한 역량의 정의를 찾아보거나 해당 역량을 향상하기 위해서 필요한 내용을 찾아서 실행으로 옮겨야 한다. 이렇게 자신의 역량에 대해 구분하고 자신과 연결하며 자신에게 더 필요한 역량을 찾으려고 하는 태도가 실행력의 핵심이다. 나아가 직급과 직책의 변화를 대비해서 요구되는 역량을 준비하는 것이 또한 현명한 직장인의 태도다.

결국 직장생활의 성장과 성공은 역량을 통해서 가능하다. 물론 다른 변수도 있지만 무엇보다 기본은 역량이다. 또 결국 직장생활에서 남겨야 할 것 역시 자신의 역량이다. 제대로 알고 관심을 갖고 적극적으로 키운 역량으로 자신이 원하는 다른 일에서도 성과를 낼 수 있다. 그 일은 직장에 다니며 하는 일일 수도 있고 퇴사 후에 원하는 일일 수도 있다.

불평만 할 것이 아니라 역량을 갖춰야 한다. 결과만 중요시할 것이 아니라 과정을 즐기라는 말은 직장생활에서 역량을 키우고 남기라는 말이다. 직장생활의 결과는 '언젠가는 조직에서 나온다'이다. 부정적 의견이 아니라 누구에게나 해당

되는 사실이다. 따라서 우리가 다시 한번 과정을 바라보고 지금 중요하게 생각해야 할 것은 내가 남길 나의 역량이다.

역량중심사회에 필요한

직장인 컴피턴시

2020년 5월 22일 초판 1쇄 발행

지은이   유재천
펴낸이   김선민
표 지   문성미
디자인   주아르
펴낸곳   STOREHOUSE 스토어하우스
출판신고 2019년 12월 30일 제307-2019-89호
주소   서울시 성북구 월곡로 14길 26, 109-1904
전화   010-5501-1577   팩스 070-7966-1577
이메일   ksmsolo@naver.com   인스타그램 storehouse_books

출판권   © STOREHOUSE, 2020
ISBN   979-11-969774-5-0

스토어 하우스(STOREHOUSE)는 독자 여러분의 소중한 아이디어와 원고 투고를 언제나 기다리고 있습니다. 이메일 ksmsolo@naver.com 로 간단한 기획 내용과 연락처를 같이 보내주세요. 여러분의 꿈을 기다리며 응원하겠습니다.